桃乐工作室 / 编著

天下

育少年的

中华上下五千年

下

哈尔滨出版社
HARBIN PUBLISHING HOUSE

图书在版编目（CIP）数据

阅想天下 : 写给青少年的中华上下五千年 : 全3册 /
桃乐工作室编著. — 哈尔滨 : 哈尔滨出版社, 2017.6
　　ISBN 978-7-5484-3117-6

　　Ⅰ.①阅… Ⅱ.①桃… Ⅲ.①中国历史–青少年读物
Ⅳ.①K209

中国版本图书馆CIP数据核字（2017）第023557号

书　　　名：阅想天下——写给青少年的中华上下五千年（下）

作　　　者：桃乐工作室　编著
责任编辑：姚春青　王　丹
责任审校：李　战
封面设计：殷　舍

出版发行：哈尔滨出版社（Harbin Publishing House）
社　　　址：哈尔滨市松北区世坤路738号9号楼　　　邮编：150028
经　　　销：全国新华书店
印　　　刷：湖北卓冠印务有限公司
网　　　址：www.hrbcbs.com　　www.mifengniao.com
E－mail：hrbcbs@yeah.net
编辑版权热线：（0451）87900271　87900272
销售热线：（0451）87900202　87900203
邮购热线：4006900345　（0451）87900345　87900256

开　　　本：787mm×1092mm　　　1/16　　印张：68　　字数：750千字
版　　　次：2017年6月第1版
印　　　次：2017年6月第1次印刷
书　　　号：ISBN 978-7-5484-3117-6
定　　　价：138.00元（全3册）

凡购本社图书发现印装错误，请与本社印制部联系调换。服务热线：（0451）87900278

前言

巍巍华夏，五千年兴衰荣辱，沧桑巨变，历经多朝多代的更替，形成了华夏民族耀眼独特的历史文化。中华民族五千余年的历史源远流长，见证着华夏民族祖先的伟大创造力，凸显着华夏人民无边的智慧。强大的民族世代繁衍，生生不息。

远古时期的神话传说，夏商西周的民族崛起，春秋战国的硝烟弥漫，汉朝的文化传承，三国、两晋南北朝的纷繁乱世，唐宋时期的文化大发展，清朝时期的康乾盛世以及百年屈辱，其中的历史人物与历史事件，一幕幕展现在我们眼前。无数的英雄豪杰，无数的仁人志士，为历史的发展做出了极大的贡献，推动了社会的进步。

中华民族的勤劳、智慧和勇敢深深地刻印在华夏子孙的骨血中，一代代地传承下来。我们的祖先创造出了辉煌的民族文化，许多政治家、思想家、教育家、军事家、科学家以及文学家，均为这段历史添上了浓墨重彩的一笔。这些历史故事，是后人了解历史的直接渠道，是历史变迁的重要见证。马克思曾经说过，"历史就是我们的一切。它反映人类改造自然、改造社会、不断推进文明进步的历程。今天的世界是过去世界的继承和发展，如果割断历史，就不能全面地、正确地理解现实和展望未来"。

本书按照历史发展的顺序，以朝代更替为线索，叙述历史故事，完整再现中华上下五千年的璀璨历史，让读者进一步地了解历史，感叹古人的智慧和伟大，真正地了解自己的民族，真切地感受中华民族传统文化的精华。

　　通过《阅想天下——写给青少年的中华上下五千年》，我们将更加深入地认识历史，解读历史，从而把握好今天，共创祖国美好的明天。

编　者

目录

元朝时期

马致远作元曲 …………………… 2

王实甫的《西厢记》 …………… 4

贾鲁治理黄河水患 ……………… 6

南坡之变 ………………………… 8

伯颜专政 ………………………… 10

红巾军起义 ……………………… 12

朱元璋组起义军 ………………… 14

鄱阳湖之战 ……………………… 16

元朝覆灭 ………………………… 18

明朝时期

朱元璋树威信 …………………… 22

神算子刘基 ……………………… 24

明太祖杀功臣 …………………… 26

明太祖严惩贪官 ………………… 28

大兴文字狱 ……………………… 30

南北榜事件 ……………………… 32

建立厂卫 ………………………… 34

建文帝削藩 ……………………… 36

朱棣篡位 ………………………… 38

解缙与《永乐大典》 …………… 40

明成祖迁都北京 ………………… 42

郑和下西洋 ……………………… 44

况钟整肃苏州 …………………… 46

土木之变 ………………………… 48

南宫复辟 ………………………… 50

于谦坚守北京 …………………… 52

王阳明与"心学" ……………… 54

明武宗贪玩误国 ………………… 56

正德帝怒杀刘瑾 ………………… 58

严嵩迫害忠臣 …………………… 60

嘉靖帝斩严嵩 …………………… 62

海瑞忠诚直谏 …………………… 64

江南四大才子 …………………… 66

戚继光抗倭 ……………………… 68

李时珍著《本草纲目》 ………… 70

聪慧少年徐文长·············72

张居正革新政治·············74

三娘子巾帼不让须眉·········76

晚明三案·················78

神宗罢朝·················80

汤显祖作《玉茗堂四梦》······82

朱载堉钻研乐律·············84

违背世俗的李贽·············86

宦官"九千岁"·············88

葛贤痛打宦吏·············90

虎丘五人墓···············92

努尔哈赤统一女真各部········94

萨尔浒明军战败············96

徐光启译《几何原本》········98

魏忠贤残害忠良············100

宁远大捷················102

皇太极巧施离间计··········104

皇太极劝降洪承畴··········106

徐霞客畅游四海············108

宋应星编《天工开物》········110

李闯王叛乱··············112

崇祯皇帝测字············114

少年英才吴三桂··········116

"大西王"张献忠··········118

卢象昇巨鹿就义··········120

崇祯皇帝吊死煤山········122

清王朝

少年皇帝福临············126

吴三桂引清军入关········128

史可法坚守扬州··········130

忠直英勇夏完淳··········132

郑成功收复台湾··········134

李定国宁死不投降········136

康熙帝智擒鳌拜··········138

康熙帝平三藩之乱········140

雅克萨清军告捷··········142

三战噶尔丹············144

土尔扈特回归故土········146

朱耷装哑··············148

顾炎武坚持反清复明······150

段玉裁博学多闻··········152

蒲松龄与《聊斋志异》······154

清廷大兴文字狱··········156

改土归流··············158

郑板桥卖画为生……………160

乾隆帝与《四库全书》………162

曹雪芹与《红楼梦》…………164

乾隆帝六巡江南………………166

大清第一贪官和珅……………168

天理教起义……………………170

女英雄王聪儿…………………172

林则徐虎门销烟………………174

第一次鸦片战争………………176

龚自珍寻求救国道路…………178

三元里抗英……………………180

洪秀全金田起义………………182

杨韦事变………………………184

捻军反清………………………186

英法联军火烧圆明园…………188

曾国藩通宵苦读………………190

曾国藩镇压太平军……………192

慈禧掌权………………………194

李鸿章与洋务运动……………196

死婴引发天津教案……………198

清学生赴美留学………………200

左宗棠收复新疆………………202

曾纪泽收复伊犁………………204

刘铭传抗法……………………206

镇南关大捷……………………208

张之洞实业救国………………210

北洋海军全军覆没……………212

中日《马关条约》……………214

公车上书………………………216

戊戌变法………………………218

菜市口六君子赴义……………220

英国强占新界…………………222

租界变成国中之国……………224

严复翻译《天演论》…………226

发现和收集甲骨第一人………228

张謇创办民族工业……………230

义和团抗外敌…………………232

詹天佑修铁路…………………234

八国联军进北京………………236

康有为创保皇会………………238

革命先驱孙中山………………240

章太炎与苏报案………………242

长沙起义………………………244

轩亭口秋瑾牺牲………………246

黄花岗之役……………………248

武昌起义………………………250

近现代时期

丧权辱国的"二十一条"………254

抵制日货运动………………256

新文化运动兴起……………258

苏步青数学报国……………260

袁世凯复辟帝制……………262

护国运动……………………264

张勋复辟……………………266

五四运动……………………268

军阀混战……………………270

中国共产党成立……………272

京汉铁路工人大罢工………274

瞿秋白与《国际歌》………276

第一次国共合作……………278

五卅惨案……………………280

中山舰事件…………………282

北伐战争……………………284

上海工人第三次武装起义……286

四一二反革命政变…………288

南昌起义……………………290

挺进井冈山…………………292

五次反"围剿"………………294

红军长征……………………296

伟大的教育家陶行知………298

笔杆做枪的鲁迅……………300

九一八事变…………………302

一·二八事变………………304

遵义会议……………………306

一二·九运动………………308

七君子事件…………………310

两将军"兵谏"蒋介石………312

第二次国共合作……………314

卢沟桥抗战…………………316

淞沪抗战……………………318

平型关战役…………………320

南京大屠杀…………………322

台儿庄大捷…………………324

百团大战……………………326

皖南事变……………………328

延安整风运动………………330

郑振铎保护国宝……………332

冼星海与《黄河大合唱》………334

日本投降……………………336

国共签订《双十协定》………338

挺进大别山…………………340

三大战役…………………342

百万雄师过大江……………344

确立国旗、国歌和国徽………346

开国大典……………………348

元朝时期

马致远作元曲

马致远因擅长元曲，被人们称为"曲状元"。他比较出名的作品就是名为"天净沙·秋思"的元曲小令。

元曲和唐诗、宋词是我国古典文学的重要组成部分。元曲主要包括两个部分——散曲和元杂剧，小令是散曲的构成部分。小令最初起源于唐末五代，分为曲牌和曲调。散曲的另外一个组成部分是散套。散曲中的曲调多数都取材于民间的小调，其中也包括一些少数民族的曲调。散曲不仅是对宋词的继承，同时也是包罗民族乐曲的一种曲的体式。

由于是汉人出身，青年时期的马致远在施展才能的过程中路途坎坷，中年中进士，曾在浙江省任职，后在元大都为官多年，晚年决定退隐，打算过自由的生活。他一生中写下了一百多首散曲，基本都被《东篱乐府》收录。他创作的散曲主要包含三个方面，第一是感叹世事，第二是歌咏景色，第三则是表达恋情。这些散曲不仅表现出了马致远的文人情怀，更展现了他的人生态度。

马致远的杂剧也很著名，一生创作的十五部杂剧有七部被保留至今。这些杂剧当中，不仅有对当时社会的批判，同时还有作者的豪放情怀。他的作品曲调和谐而优雅，广为后人传颂。

马致远的《汉宫秋》，主要描写的是王昭君和亲的故事。汉元帝为了国家政治，忍痛割爱将自己最喜爱的王昭君嫁给匈奴单于。虽然王昭君和亲是为了国家的稳定，但从个人的角度上看也是一桩悲剧。在整个剧本中，马致远对王昭君、汉元帝以及朝堂上诸位大臣都进行了描述，观历史，寄感情。《汉宫秋》对以后的文学创作起到了重要的促进作用。

马致远成为杰出的元曲大家和当时的社会有着密切的联系。元代的很多君主重视汉文化，一些汉族的知识分子也可以入朝做官。但是，由于历史原因，元朝时期，人们比较重视人的等级，知识分子的地位低下，一些读书人丧失了斗志，只能寄情于文学创作，元曲才应运而生。

王实甫的《西厢记》

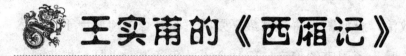

王实甫的《西厢记》是一部爱情剧剧本，被后人称为"天下夺魁"的爱情剧剧本。王实甫和官妓往来密切，因此对官妓的生活了如指掌。再加上他对表现儿女情长的戏剧的描写比较擅长，因此，创作出了《西厢记》。《西厢记》中的很多句子被后人评为佳句。

从王实甫一生的创作上看，杂剧是最主要的创作形式，后人知道的共有十四种，比较著名的就是《西厢记》《丽春堂》等。

《西厢记》的主要内容为：崔莺莺是相国府的千金，人长得美丽，也很贤淑，诗词歌赋无所不能。崔莺莺从小就生活在深宅大院中，很少和外界接触。自小被父母许配给郑恒，但崔莺莺自己却不同意这门亲事。父亲死后，崔莺莺和母亲送父亲的棺柩回老家，路上和秀才张生相遇，一见钟情。突然，孙飞虎带领军队包围了他们暂住的普救寺，并强迫崔莺莺嫁给他。在紧要关头，崔母表示愿意将崔莺莺许配给能够退兵的人。张生不惧危险，搬来了救兵，为崔家母女解了围。但崔母却反悔赖婚。在丫鬟红娘的帮助下，张生和崔莺莺两个人私订终身，迫使崔母同意了这门婚事。后来张生考中状元，两人终成眷属。

《西厢记》取材于《会真记》，《会真记》本是唐代传奇小说，北宋被改写为《商调蝶恋花》鼓子河，金代复改为《西厢记诸宫调》。后来，王实甫在此基础上改写了很多内容，创作了杂剧剧本。《西厢记》共有二十一折，在表演的时候需要两到三个人。这部剧的结构十分严谨，语言优美，人物形象塑造鲜明。其中比较著名的句子就是："碧云天，黄花地，西风紧，北雁南飞。晓来谁染霜林醉？总是离人泪。"这主要是对张生和崔莺莺长亭送别情景的描写。深秋季节，西风刮得很紧。大雁也要飞到南方去。张生却不得不离开心爱的崔莺莺。是什么把树叶染红？是如血一般的离人泪。

贾鲁治理黄河水患

公元 1344 年（元朝至正四年），北方地区连降大雨，黄河决口，洪水泛滥成灾，河道北移，庄稼和房屋都被冲毁。百姓苦不堪言，尸横遍野。元顺帝惧怕水灾带来的恶果，于是在山东郓（yùn）城设立了水监，都水监使就是贾鲁。

贾鲁（1297—1353）自幼天资聪颖，脑筋灵活。元仁宗时期参加科举考试，成绩优异。在元顺帝时期还担任过工部郎中等职。贾鲁在工程技术方面造诣颇深。在接受黄河治理工作之后，昼夜查看黄河河道，根据黄河的情况拟定治理的策略。他提出了治理方案：第一是在新河道修筑堤坝，这样可以有效地防止河水溢出。第二是采用疏通的方式来引导黄河水，使河水流回原来的河道。

但是，这方案并没有得到元顺帝的认可。不仅如此，贾鲁还被撤职。随着时间的推移，水患扩大，受灾范围越来越广。黄河水患再不治理必然会酿成大祸。于是，群臣进行商议，但出现了两种对立的态度。有的人支持贾鲁的治理方案，有的人则认为黄河行故道会引起灾民的不满，惧怕灾民起义。当时的右丞相认为贾鲁提出的方案可行，就采取了支持的态度。

公元 1351 年，已经五十五岁的贾鲁被任命为总治河防使。他动员了十七万人治理黄河。从四月开始施工，到十一月黄河治理的水土工程全部结束，黄河水复故道。治理时，贾鲁根据实际情况，采用了石船堤障水法。遇到水势汹涌的河段，贾鲁就把多艘大船连接起来，用麻绳进行连接，捆绑得结结实实。听到鼓号声之后，民工们拿着斧子凿船，将船沉入到决口处，将决口堵住，河水就会流入故道。

之后，贾鲁还绘制了一幅《河平图》给皇帝。因治理黄河有功，皇帝给贾鲁立了"河平碑"，对贾鲁的治河经验进行概括，并且予以表彰。在贾鲁的故宅还有一首纪念贾鲁治理黄河的诗："贾鲁治黄河，恩多怨亦多。百年千载后，恩在怨消磨。"

南坡之变

公元 1294 年，忽必烈去世，铁穆耳继位。铁穆耳去世之后其侄子爱育黎拔力八达控制了局势，拥立长兄海山为帝。后来，海山继位，成为了元武宗。武宗继位之后，与其弟弟爱育黎拔力八达商议了关于王位继承的事，最终决定采用兄终弟及和叔侄相承的方式来传皇位。

海山去世，仁宗继位，这是元朝历史上又一个比较著名的贤君。仁宗继位之后，推行汉法，虽然触犯了一些人的利益，但是他没有放弃。然而皇太后答己和她的亲信对仁宗推行的法律有些不满。于是，答己和她的亲信相互勾结，想方设法要控制仁宗。按照皇位"叔侄相承"的约定，仁宗应该将皇位传给和世㻋。但是，在答己的控制下，仁宗将年仅 13 岁、胆小怕事的硕德八剌立为太子。而和世㻋则被封为周王，去云南驻守边疆了。

公元 1320 年，仁宗去世，硕德八剌顺利地继承了王位，史称元英宗。铁木迭儿当上了丞相，把持着朝政，将仁宗所信赖的亲信都杀害，小皇帝成为了傀儡。小皇帝硕德八剌虽然年纪小，但是却无法咽下这口气。一次，答己的亲信犯了大罪，答己为他讲情。英宗却说："刑罚是老祖宗定下的规矩，岂能说改就改？"于是，秉公执法。这一事件之后，答己和大臣开始密谋撤换皇帝。很快消息就传到英宗的耳朵里，铁木迭儿称病不敢出门。铁木迭儿死后，英宗下令追查他的全部罪行，但是没有斩草除根，留下了祸患。

后来，铁木迭儿的义子铁失一心想要除掉英宗，于是劝说晋王做皇帝。晋王不但不肯，还将怂恿他的人绑住送给英宗。英宗回大都的路上在南坡店过夜，铁失派卫兵闯到大帐当中杀死了英宗。后来，他拥立晋王为皇帝，史称泰定帝。

伯颜专政

元顺帝（称惠宗，名妥懽帖睦尔）继位之后，由于年纪尚小，还没有治国安邦的能力，因此，治理朝政的大权就旁落到伯颜等人的手中。伯颜是丞相，燕帖木儿的弟弟唐其势也是丞相。两个大家族勾结在一起，势力庞大。久而久之，伯颜的权力逐渐高于燕帖木儿家族。唐其势不满于伯颜掌握着朝政大权，多次想要杀掉伯颜，但是一直都没有成功。伯颜知道后按兵不动，找机会除掉他。

公元1335年，唐其势被封为中书左丞相。他看到元顺帝对伯颜宠爱的程度越来越高，就和宗王密谋废掉元顺帝，另立新帝。不料这一计划被伯颜得知，行动失败了，伯颜也理所当然地掌握了国家的重权。元顺帝赐给伯颜很多特权，甚至允许他在宫中随意走动。如此一来，伯颜的地位得到提升，他的封号加上官衔长达二百多个字，可见其权势之大。

不久，唐其势被伯颜诛杀。自此，伯颜不仅肆意地殴打官员，还十分贪婪，根本不把小皇帝放在眼里。这时，中书省的一些官员提议将科举制度废除，伯颜十分赞成，于是就上奏皇帝。在伯颜等人的怂恿下，元顺帝终于答应停罢当年的科举考试，禁止汉人和南人学习蒙古的文字。从此以后，伯颜觉得自己功劳很高，对什么事都毫不忌讳，甚至想要铲除蒙古诸王。伯颜的先祖曾在蒙哥的家族做奴隶，他觉得这是奇耻大辱，拒绝尊蒙哥的后裔为使长。本来这是一件有违规定的事，但是伯颜明知故犯。后来，伯颜请求元顺帝将彻彻秃定罪并且处死，元顺帝没有同意。不久之后，伯颜竟然擅自行刑，彻彻秃受冤而死。元顺帝对伯颜的行为十分愤怒，却无能为力。伯颜专政，元顺帝一直受到压制，终日在忍耐中度日。

红巾军起义

元朝末年，黄河河水泛滥，河道堵塞，朝廷官员卖官鬻爵，贵族生活奢靡至极。元顺帝还对百姓进行剥削，弄得民不聊生。全国各地的民众都纷纷起义造反。其中河北的农民韩山童等人积极地在民间宣传白莲教，借机组织民众造反，而且还说韩家本来就是王族的后代，拯救民众是上天的意思。

公元 1344 年，黄河水患成灾，很多百姓流离失所，苦不堪言。元统治者强制征集民众开挖河道，民众受到官吏的剥削，怨声载道。就在这时，韩山童等人认为这是造反的最佳时机，于是在民众中传播天下即将易主的谣言。他们还将一个刻好字的石人埋在民众开挖的河道处，这使民众认为造反果真是天意。公元 1351 年，韩山童等人起义，歃血为盟，用红巾作为起义的标志。但不料此次行动走漏了风声，被官军发觉，韩山童被捕。

逃脱的刘福通很快又集聚了十几万民众，在全国各地都插上了起义的大旗。这支起义的农民军被称为红巾军。面对此种情景，元统治者乱了阵脚，急忙进行围剿。精锐部队阿速军与农民军的战斗很快打响，但溃败而归。朝廷军队曾多次和起义军作战，但是都没有成功打压起义军。刘福通在亳州拥立韩山童的儿子韩林儿为小明王，国号为宋。不久，起义军内部发生了内乱，刘福通败给了元军，于是带着小明王逃跑了。一段时间之后，刘福通的起义队伍又得到了大规模扩充，起义军的人数也逐渐增加。

这时，元朝的守城将士都失去了斗志，起义军的势力大增。但是起义军要占领大部分土地还有一定的难度。权宜之计就是驻兵屯田，获得根据地。经过了长达三年的战争，起义军终于攻打到了大都。

公元1363年，刘福通受到张士诚的攻击，惨败牺牲。小明王被朱元璋的军队救走，虽说还有小明王的名号，但却没有了实权。各路起义军从此开始各自为政。

朱元璋组起义军

元末农民起义中比较著名的统帅要数朱元璋了。朱元璋是贫苦农民出身。他十七岁那年父母相继去世，当时他贫穷得连棺木都买不起。后来朱元璋做过和尚、乞丐，又四处流浪，却也因此见多识广。

朱元璋回到寺院之后，正巧赶上刘福通的起义，他决心投奔起义军。起义军首领郭子兴是个豪气的财主，对官吏痛恨至极。郭子兴所带领的军队缺乏纪律性，因此他希望能有个助手帮忙整顿军队。他第一眼看到朱元璋的时候就甚是喜欢，便留他在身边，后又把自己的养女嫁给了朱元璋。朱元璋不仅作战勇敢，而且聪慧过人。在处理一些危急的大事时比较善于运用计谋。

几年之后，朱元璋决定回老家自己组织起义军。郭子兴答应了。回到家乡，朱元璋在较短的时间内拉了七百多人。经过几场胜仗之后，军队的势力不断扩大。朱元璋胸怀大志，认真采纳文人的意见，并且寄心于天下太平。他采纳了李善长的建议，立志做一个气量大、不滥杀无辜的领导者。朱元璋经常告诫手下的士兵，不能抢劫百姓的财产，要得到百姓的拥护。

公元 1355 年，朱元璋渡长江求发展，攻取了太平（今安徽当涂），然后又挥师金陵。在攻打集庆（治今江苏南京）的时候郭子兴的儿子战死，统兵大权到了朱元璋的手中。

公元 1356 年，朱元璋在采石矶歼灭元军，进入集庆，并改名为应天，作为根据地。在多次战争中，朱元璋都想着如何壮大自己。另外，朱元璋认识到了粮草和物资的重要性。因此，不管军务如何繁忙，朱元璋都极其重视地方的农业发展，鼓励百姓种田和养殖，并且任命管理人员，兴修水利，保证军粮源源不断的供应。从朱元璋为人处世等方面看，他接受并实践了朱升给他的建议："高筑墙，广积粮，缓称王。"为以后统一大业的实现奠定了坚实的基础。

鄱阳湖之战

朱元璋拥有根据地之后，暂时比较稳定。但此时全国大部分地区还属于元朝。不仅如此，一些割据对势力也仍然存在。其中占据着湖南、湖北和江西一带的陈友谅是一个比较难对付的人。陈友谅为人残暴，他曾经跟随徐寿辉和倪文俊等人起义，被封为元帅。但后来，陈友谅设计杀害了二人，自己完全控制着军政大权。陈友谅也将朱元璋看作自己最大的劲敌。

公元 1360 年，陈友谅想要联合张士诚出兵攻打朱元璋。张士诚多疑，犹豫不决，陈友谅带着兵船直逼应天。这时，应天的气氛十分紧张。将士们的意见出现了分歧。有些是投降派，有些则能清楚地分析形势，决定引诱陈友谅出兵，并将其一举歼灭。于是，众将士经过商议，决定派遣朱元璋的部下康茂才前去引诱陈友谅。康茂才和陈友谅有些交情，因此，陈友谅对他深信不疑。两人准备以"老康"为暗号，里应外合。

陈友谅按照两人的计划，兵分三路奔向江东桥。朱元璋事先就做好了准备，同样兵分三路进行阻击。陈友谅的兵马抵达目的地之后，发现木桥上都是铁石，有些起疑，叫着"老康"却无人应声。一段时间之后岸边竖起了一面大旗。陈友谅立刻明白上当了，准备撤退，但却来不及了。岸上和水中都是朱元璋的兵马，陈友谅死里逃生，但他的军队死伤无数。

陈友谅回到驻地之后养精蓄锐，决心报仇。于是，他对战船进行了改造。公元1363年，陈友谅将家眷搬到船上，准备孤注一掷。但是，由于战略错误，他错过了最好的攻打机会。朱元璋调兵遣将抵挡攻打到鄱阳湖的陈友谅大军。陈友谅企图将朱元璋的主力全部歼灭，二人决一死战。后来，朱元璋采用火攻的方式，陈友谅中箭而死。

消灭了陈友谅之后，朱元璋除去了一大劲敌，实力大增。鄱阳湖之战成为历史上比较著名的战役，为全国统一奠定了基础。

元朝覆灭

朱元璋击败陈友谅之后，将军队集合，向东进攻，消灭了张士诚。此时朱元璋的势力已经十分强大，完全有能力占据长江中下游地区并统一全国。

元朝统治者元顺帝的军队经过了多番打打杀杀，已经溃不成军。元顺帝自己只知道喝酒作乐，皇太子对他的行为十分不满，于是就在背地里联合皇后和丞相哈麻，想要废除元顺帝。后来，皇太子得知哈麻对自己不忠，想要背叛自己，就下令将哈麻发配到边疆充军，最终哈麻死在了去往边疆的路上。

皇太子杀死元顺帝的愿望没有得到实现，于是就在后宫掀起了一场风波。在镇压红巾军起义的时候，元统治集团内部重新分配了军事领袖，手握重兵的将领为了争夺土地大开杀戒，根本就没把皇帝放在眼里。

此时，朱元璋不仅积极地准备北伐，而且还对朝廷的内乱情况进行监视，觉得元朝灭亡的时候到了。

公元 1367 年，朱元璋发表了檄文，提出了"驱逐胡虏、恢复中华"的口号。将士们积极响应，并逐渐获得了北方百姓的支持。朱元璋大军所到之处对当地的百姓和农业没有破坏丝毫。在北伐的过程中，朱元璋知人善任，当时出现了很多名将，比如徐达、常遇春等。朱元璋本身也是一个有勇有谋、胆识过人的军事家，他知道知己知彼才能百战百胜，于是就派人时刻观察着元朝的动静，并积极地调整战略部署。

徐达和常遇春等人在战斗中屡战屡胜，不久之后就占据了整个通州。至此，元朝的主力部队已经溃散。元顺帝得知通州失守之后，非常惶恐，对自己的处境十分担忧。于是，他和后宫中的嫔妃、皇子们商量对策，决定北逃。但一些忠臣认为，元朝的江山是忽必烈辛苦打下来的，皇帝应该死守在这里，不能随意丢弃。可是，京城守将人数较少，无奈之下元顺帝只得北逃上都。

公元 1368 年，大都彻底被起义军占领，元朝的统治灭亡。朱元璋称帝，国号为明。

明朝时期

朱元璋树威信

在元朝，有一户世代靠耕种为生的朱姓人家，这家妻子在劳作期间生下一个孩子，这个孩子就是明朝的开国皇帝朱元璋。

朱元璋聪明伶俐，父母送他去私塾读书，他有了知识，又很聪明，伙伴们都听他指挥，但是因为朱元璋家里太穷，没过多久他就辍学了。

朱元璋十岁时，家里的地被地主抢走了，十三岁时，全家搬到了孤庄，租一个叫刘德的地主家的地种。刘德苛刻不讲道理，一年下来家里欠了他不少钱。

朱元璋十四岁时，家里为了生计就让他给刘德放牛，吝啬小气的刘德不给朱元璋早饭吃。一天早上，朱元璋和他的伙伴们都没吃早饭就去放牛了。他们饥饿难耐，想弄些吃的填饱肚子。很多人都说出了弄食物吃的方法，比如上山抓野兔等，但都由于饿得没力气最终作罢了。

就在众人不知所措时，一旁一直没说话的朱元璋突然跳了起来，向一头最小的牛走去，他用绳索把牛的前后脚都捆住。伙伴们马上明白了朱元璋的意思，都拿起了手中的砍柴斧、石头等武器向这头牛砸去，一想到马上就有牛肉吃，伙伴们都干劲十足，很快这头牛就被剥了皮，并被大卸八块。他们就地取材捡些干树枝和枯草当作柴火，将刚才弄好的牛肉烤了起来。没过多久这头牛就被吃得只剩头和尾巴了。

吃完后他们才意识到：少了一头牛，没法向地主交代。这时，朱元璋很冷静地说："这是我出的主意，后果我一人承担，大家不必担心。"朱元璋让他们把牛头牛骨深深埋入地中，牛尾巴插入岩缝里，保证不露痕迹，不会被其他人发现。他们赶着牛回到了地主刘德家，朱元璋说一头小牛钻进岩缝里去了，他实在是拉不出来。刘德不相信他说的话，把朱元璋赶出了家门。

朱元璋虽然丢了放牛的活儿，但是却在伙伴中树立了威望，赢得了人心。后来，他们中的很多人都帮助朱元璋创立了大明王朝。

神算子刘基

　　朱元璋在消灭元朝势力，统一天下的过程中，不仅有"二十四将"的辅佐，同时也离不开文人的支持。在这些文人中，刘基尤为突出。刘基，字伯温，他见多识广，是有名的知识分子，年轻的时候曾经做过官，对元朝的腐败统治十分不满，在社会出现大的变动之后回到老家隐居。朱元璋对刘基的名气早有耳闻，于是就给他写信，希望他能够出山辅佐。刘基对朱元璋的魄力很是钦佩，于是决定助朱元璋一臂之力。

　　刘基给朱元璋分析了当时的情况，并且劝诫朱元璋脱离韩林儿，要养精蓄锐，要提防张士诚的军队，用大部分精力去攻打陈友谅的军队，以绝后患。朱元璋听到之后。于是，称赞刘基为诸葛亮再现。按照刘基的策略，朱元璋军队的实力不断增加。刘基是个明智的官员，在给朱元璋出谋划策的时候都是认真斟酌，谨慎行事。

　　有一年，天大旱一直不下雨。朱元璋坐立不安，为军事担忧。刘基说长期不降雨，可能应天的牢狱中存在着冤案。于是朱元璋派人去查看，为一桩桩冤案进行平反。没想到，几天之后就下起了大雨。事实上，刘基通过观天象，知道几天之后就会下雨，于是借机劝告朱元璋要重视狱中的冤假错案，可谓是用心良苦。

在朱元璋正式称帝之后，对一些有功之臣进行封赏。刘基任御史中丞兼太史令，封诚意伯。洪武四年（1371 年），他被胡惟庸诬陷，被免职，忧愤而死。也有人说他是被胡惟庸毒死的。

明太祖杀功臣

明太祖继位之后，杀戮有功之臣的事件成为严重的政治案件。胡惟庸是明朝的开国功臣之一，在明太祖打天下的时候就跟随在其左右。他不仅可以揣摩明太祖的心意，办事能力也很强。胡惟庸曾经做过知县、通判和中书省参知政事等官。后来，明太祖还提拔他为丞相。胡惟庸开始有些得意忘形，对政务的用心程度也逐渐降低，并且开始独断专行。严重的时候，胡惟庸还把一些大臣的奏章拆开来看，将一些不利于自己的丢掉。同时，他还肆意收受贿赂。这些都被明太祖看在眼里。

公元1379年，胡惟庸背着明太祖接待了占城（今越南南部）的使者。宫里的太监知道之后告诉了明太祖，明太祖震怒。紧接着，又有人告发胡惟庸企图造反。明太祖一怒之下处死了胡惟庸及其全家，人数多达三万余人。除了胡惟庸之外还有宋濂、李善长和蓝玉等人。

宋濂也曾跟随明太祖，并一度被重用。他官至学士承旨制诰，被尊为宋先生。明太祖虽然重用宋濂，但是也派人暗地里监视他。因胡惟庸案，他的孙子宋慎被调查，他也被判了死罪。幸亏马皇后求情，明太祖才免了他的死罪，全家被贬至茂州，却在中途病死。

李善长也是明朝的功臣，明太祖最初十分赏识他，将他比作萧何。胡惟庸案爆发时被贬，但因不满而一直追究此案，最终被杀。

蓝玉曾经带兵消灭元朝的势力，战功赫赫，被封为凉国公。被封赏之后的蓝玉变得骄傲自大，蛮横无理，再加上和胡惟庸案有着一定联系，以谋叛罪被杀，牵连致死者达一万五千人。

之后，明太祖为了巩固政权，一度撤销了丞相的职位，分散兵权，形成了皇帝专制，中央集权制度加强。

大规模的屠杀使得一些有功之臣不敢再有所作为。明太祖的孙子朱允炆（wén）问明太祖为什么不能少杀些人，他回答说："我这是在为你拔除荆棘啊"。然而，朱允炆的"荆棘"并不是外臣，而是自家人。

明太祖严惩贪官

朱元璋出身贫苦，元朝末年大官僚倚仗权势欺压百姓、徇私枉法的事件都被他看在眼里。他深知农民起义的主要原因就是朝廷的纲纪紊乱，一些贪官横行。于是，在建国之初，朱元璋用法律法规来对一些贪官污吏进行惩治。

朱元璋立法规定，如果官员贪污了六十两以上，就要斩首示众。然后，还要将官员的皮剥掉，并在里面装上稻草摆在衙门公堂上。这种惩治的方法被当时的人们称为"剥皮实草"。这种方式非常血腥，可见朱元璋对贪官污吏的憎恶。

朱元璋还颁布了一条法令，规定里老人（里甲中负责协助地方官员解决乡里纠纷的人）有权参政议政，同时还可以对当地衙门的官员进行监督，若官员有违法乱纪的行为要及时向朝廷禀报。

公元 1371 年，明太祖派了大批精兵对全国各地的官吏进行监督和检查，杀死了很多贪污受贿的官员。"郭桓案"就是比较著名的案件之一。郭桓是户部侍郎，他和地方官吏勾结，一起贪污受贿。他们不仅贪污朝廷的金银，还侵吞国库的粮食，不交赋税。郭桓仗着自己的职位高，隐瞒了很多贪污案件。后来，他的贪婪之心越来越大，一些金银财宝已经无法满足他的野心，于是他开始贪污秋粮。一年内，郭桓贪污的秋粮达到了全国征收秋粮的总和。

朱元璋得知此事之后，非常生气。他知道这个案子会牵扯很多人，包括朝中一些职位较高的大臣。朱元璋认为应该严厉地惩办所有贪官，否则会留下后患。但是这些人中还有一些爵位很高的官僚，处理起来很困难。这个案件就一天天地向后拖。直到有一天，朱元璋从梦中惊醒，嘴里还不停地喊着"杀"字。于是，就下令将这些贪官斩首。

大兴文字狱

朱元璋身边有很多文人，在政权刚建立的时候，他就杀害功臣，这些都是人们所熟知的。和杀害功臣一样，他还对知识分子进行残酷迫害，这就是著名的文字狱。文字狱就是在文人写过的文章中断章取义，编造出一些罪名对文人进行迫害。

明朝的时候，人们对身份的重视程度非常高。由于朱元璋的出身并不高，他当上皇帝之后很是忌讳人们提起出身的事。另外，因为朱元璋当过和尚，所以不允许文人墨客在自己的文章中写"僧""光""亮"等字。很多官员不了解朱元璋的忌讳，因此，很多文章被查出毛病，官员糊里糊涂地丧了命。

大臣徐一夔（kuí）替杭州知府写了一篇贺表里面出现了"光"字，得罪了朱元璋。朱元璋大怒之下将这篇贺表摔在了地上。其他大臣看到这种情况也不知道问题出在了哪里。朱元璋解释说："光字就是在辱骂和尚，我曾经就做过和尚，这就是辱骂我。"于是，朱元璋就下了一道圣旨将徐一夔杀死了。

陈州府周冕做了一篇万寿表，其中有一句"寿域千秋"，但是在朱元璋的眼里，"寿"就是"兽"，于是，认为他有不敬之意，就将周冕杀死了。还有一次，尉氏县的许元写了《万寿贺表》，因为其中有一句"体乾法坤，藻饰太平"，也是在不知道原因的情况下被杀了。据说，朱元璋认为"藻饰"二字和"早失"是同音，他认为许元是在诅咒自己早日失掉太平。许元没有机会解释就已经脑袋落地了。

这样的例子在朱元璋在位期间有很多。而且每次读书人都不能解释就被朱元璋砍掉了脑袋。后来，朱元璋命令当时的翰林学士刘三吾制定了一个文章写作的规范，根据这样的规范来写文章就可以避免写到皇帝忌讳的字眼。当时能够根据这一规范来写文章的人都免除了刑罚。

 南北榜事件

朱元璋继位后一直都非常重视科举考试，他想通过科举考试将天下的有才之人都搜罗到自己的麾下，这样就可以巩固国家的统治。但是在洪武年间，却发生了南北榜事件。

公元 1397 年（洪武三十年），科举考试的结果贴出去之后，考生们议论纷纷。从皇榜上的第一名到最后一名都是南方的考生，北方的考生没有一人在此皇榜上。殿试之后，福建闽县的陈某又被定为状元，这让北方的考生十分不满。因为当时的主考官和副考官都是南方人，因此，有舞弊的嫌疑。于是，众考生就将皇榜撕碎，争抢着和考官对质。考官请来锦衣卫镇压考生，使得事情越闹越大，逐渐演变成了一个政治事件。此时，朝廷正是用人之际，如果此事继续闹下去，必然会后患无穷，于是，朱元璋决定亲自处理此事。

经过调查得知，北方地区常年战争连连，百姓民不聊生。战争对北方地区的文化和教育事业有所影响，因此，直接影响到考生的学习环境和最终的考试成绩。朱元璋下令对北方考生的试卷进行复查。结果，成绩相差悬殊确实是事实，但朱元璋并不相信此事，认为是考

官肆意将成绩改动，于是就命人严查，并且对刘三吾等人进行严刑逼供。朱元璋明知道这是一个冤案，但是为了平息北方考生和北方百姓心中的不满，不得不这样做。这次案件共牵扯了二十多人，朱元璋下令将他们流放戍边。而这次皇榜上名列前茅的考生也被朱元璋定为贿赂之罪而诛杀。

几个月之后，朱元璋又重新从全国的考生中选出了几个成绩好的。其中，第一名是河北的考生，第二名是山东的考生。而这次皇榜中却没有一名南方的考生，皇榜贴出之后，北方的考生非常高兴，至此，南北榜事件得以顺利了结。

建立厂卫

"厂卫"就是指东厂、西厂和锦衣卫，是明代的特务机构，主要是为了加强中央集权。从整个明朝的发展来看，死在锦衣卫手中的人数也数不清，这是导致明朝灭亡的主要原因之一。

明朝建立之后，朱元璋担心大臣对自己不忠心，因此，想方设法对他们进行监视，锦衣卫由此建立。一般情况下，锦衣卫的指挥使都是由皇帝的亲信来担任。由于朱元璋和朱棣（dì）两个皇帝出身特殊，因此，当时的锦衣卫职能比较强。后来，锦衣卫竟然建立了属于自己的监狱，还有权对犯人进行判处和处决，并且不用经过司法部门的允许。

锦衣卫的士兵被人们称为缇骑。缇骑的数量多时达到六万多。锦衣卫多是从民间选拔而来，官职采用世袭的制度。锦衣卫原为护卫皇室的亲军，掌管皇帝出入仪仗，朱元璋特令锦衣卫兼管邢狱并赋予了巡察缉捕的权力，他们对大臣进行监视，防止大臣结党营私。

一次，一个大臣在自己的家中做了一首诗。第二天一上朝皇帝就跟这位大臣说应该把其中的一句改动一下。这件事之后，朝中的大臣人人自危，不敢有任何不敬的举动。

朝廷上下的大臣有谋逆之心的人并不多。锦衣卫为了表示自己的忠心，非要捕风捉影。这样就引起了政治上的骚乱。锦衣卫的不法行为激起了民愤，百姓怨声载道。

公元1387年，胡惟庸案结束之后，朱元璋下令撤销了锦衣卫。但是，朱棣继位之后，又恢复了锦衣卫，并且建立了类似的机构，叫作东厂。东厂的首领是宦官，和皇帝的关系十分密切。宦官们经常依靠自己的势力滥杀无辜，残害大臣。到明宪宗时期，又设置了西厂。明武宗继位之后设置了内行厂。

建文帝削藩

　　明太祖非常疼爱朱允炆，命黄子澄做他的伴读。明太祖的二十四个儿子和一个从孙都是藩王，在全国各个地区镇守。有一天，朱允炆对黄子澄说："我的年纪小，皇叔们的态度傲慢至极，并且拥兵自重，我该如何是好？"黄子澄回答说："皇帝所管辖的军队势力更大，如果藩王起兵造反，只需要调动军队就可以了。"

　　公元 1398 年，明太祖去世，朱允炆顺利地登上了王位，改年号为建文，史称建文帝。即位之后，建文帝就十分担心藩王起兵造反，于是就和黄子澄商量该如何防患于未然。黄子澄找到齐泰商议此事。齐泰建议将实力最强的燕王朱棣的爵位削掉，使其他藩王不敢轻举妄动。二人急忙觐见皇帝，将想法告诉了皇帝。建文帝认为应该先将燕王的党羽消灭之后再对付燕王，这样一来，燕王就失去了援助。其中周王是燕王最忠诚的支持者。因此，建文帝列出了周王的很多不法罪行，将其贬为庶民。后来，建文帝又用同样的方式将齐王、代王和湘王。建文帝的这些行为使燕王起了疑心。

　　燕王手下的很多大臣都说燕王有做君王的潜能和相貌。在这种溢美之词的蛊惑之下，燕王更加坚定了造反的决心。

朱棣在进京朝见的时候不再将皇帝放在眼里，行为蛮横无理。很多大臣都劝谏建文帝惩治燕王，但是建文帝却说燕王是自己的皇叔。齐泰对建文帝说燕王谋反之心，应该扣留他的三个儿子做人质，这样才能够使燕王对皇帝没有二心。可是，建文帝不愿意和燕王决裂，最终将他的三个儿子放了回去。

燕王的三个儿子回到燕王府之后，燕王有些后怕。他害怕自己召回孩子的消息还没有达到，建文帝就已经先动手将孩子扣押。看到三个儿子安然无恙，燕王继续自己的谋反行动了。

朱棣篡位

明太祖朱元璋去世之后，他的儿子和孙子为了争夺皇位而互相残杀。朱元璋共有二十四个儿子，大儿子朱标是皇太子，但却病死。朱标的儿子朱允炆为皇太孙，继承皇位，是为建文帝。但是，朱元璋的四儿子朱棣手握重兵，拥戴他的人较多，武装力量强大。朱允炆继位之后，朱棣不服气，想夺得皇位。

黄子澄曾经告诫朱允炆要削弱各个藩王的势力，朱允炆铭记在心。明太祖掌权的时候，就有人提醒应该削弱藩王的势力，但是却遭到了明太祖的训斥。因为，明太祖不想别人对自己的家事指手画脚。明太祖临死之前，曾下遗诏，不准外地的藩王进京，而且官吏需要按照朝廷的指挥办事。朱允炆登基之后，反对的藩王较多，其中比较著名的是燕王朱棣。

朱棣在明太祖去世之后，不顾遗诏规定，强行进京参加葬礼。遭到建文帝的阻止。朱棣一边招兵买马，一边拉拢自己的亲信和其他藩王，壮大自己的势力，准备造反。建文帝对付了燕王的亲信后，开始对付燕王朱棣。因此，他调兵遣将，做防守工作。燕王朱棣为了掩人耳目，故意装病，并且骗过了前来探"病"的朱允炆的耳目。建文元年六月朱允炆派张信逮捕朱棣，不料张信将全盘计划告诉了朱棣。朱棣除掉了统兵将领，围城的将士随即溃散，朱棣接着举起了反叛的旗帜。

两军交战的过程中，朝廷的军队开始时占据着绝对优势。虽然燕王的军队战斗力也非常强，但依然以惨败收场。建文帝天性优柔寡断，他不忍心杀死自己的叔叔，于是给了燕王很多次逃跑的机会。

后来，燕王的军队打败了朝廷的军队。战乱中，建文帝在皇宫中放了一把火，将自己和嫔妃一起烧死在皇宫。朱棣终于夺得了皇位，改年号为永乐，史称明成祖。一些曾经辅佐建文帝的大臣都被杀害了，朱棣坐稳了皇位。

解缙与《永乐大典》

明成祖统治时期，曾下令辑《永乐大典》。这本书是我国历史上重要的著作，而解缙（jǐn）就是主编人员。

解缙自幼聪明好学，才思敏捷，十九岁高中进士，曾受到明太祖的赏识，明太祖将他当成儿子一样看待。明太祖甚至给解缙捧砚台，二人也经常说些心里话。解缙的性格直率，有什么就说什么，他的直言对明太祖治理国家起到了重要的作用。无论解缙发表什么样的意见，明太祖都不会怪罪于他。

明太祖喜欢阅读一些杂乱的文章，解缙劝告他说，这些文章有的内容荒诞离奇，不应该花费时间去看。一些大臣十分妒忌解缙的才华，经常在背地里攻击他。

明成祖在和自己侄子的战争中获胜，取得了皇位，并且杀死了很多拥护建文帝的大臣，为了安抚人心，消除读书人的不满，他命人编纂一部书。这部书不仅要内容丰富，而且还应该编纂得当，查找方便。这时，明成祖任命解缙为主编，负责编纂这样一部完整的书。明成祖要求十分严格，编纂的时间也少，于是解缙召集了一百多个读书人同时进行。到公元 1403 年，这本书终于得以编纂。最初的书名为"文献大成"。但是，没想到明成祖对这本书不是十分满意，觉得记载的内容过于简单。公元 1405 年，解缙等人又重新进行了编纂。编纂的人数越来越多，包括全国各地的有识之士和读书人。公元 1408 年，这部书终于完成了，明成祖看到之后，十分满意，将书改名为"永乐大典"。

《永乐大典》共对七八千种文化典籍进行搜集，同时还包括一些民间少见的图书。涵盖了中国的哲学、地理、文学以及宗教等各个方面的内容。但是，令人惋惜的是，这本书并没有刊印，正本毁于明亡之际，副本大多毁于八国联军侵入北京之时。

解缙虽然功劳卓著，但是由于性格上的弱点，常常让明成祖动怒。后来被贬官，甚至是扣押。最后，解缙被锦衣卫灌醉之后，冻死在冰天雪地中。

明成祖迁都北京

虽然明成祖朱棣在南京称帝，但是他一心想要回到北平。1403年，明成祖将他做燕王时的封地北平府改为顺天府，建北京。1421年，明成祖改北京为京师，做好了迁都的准备。北京曾经是金和元的都城，是全国的政治中心。虽然北京城曾受到损坏，但是在军事、政治、文化等方面的重要性是其他城市不可比拟的。

当时，对明朝的稳定存在一定威胁的就是元朝的残余势力，想要复辟元朝的人依旧存在。如果将都城迁到北京，就可以对元朝的残余势力进行清剿。永乐元年之后，明成祖将江浙一带的富民迁到北京，还在昌平建造自己的陵墓。公元1416年，重新营建北京城的方案制订，明成祖召集了全国各地的著名工匠进行修建，城墙用的砖以及所用材料都是全国最好的。

城内包括宫城（紫禁城）、皇城（包括祭坛和官署）。和元代皇宫的旧址相比，明代的紫禁城东西南北都有所扩大，城墙高达十几米。有东华门、西华门、午门、玄武门等城门。紫禁城外面是护城河，宫殿共有六大殿。布局严谨完整，对称分布。在建造的过程中，明成祖任用了蒯（kuǎi）祥，他出身于木工世家。蒯祥的手艺高超，设计谨慎。在他的设计下，一些难题迎刃而解，不仅节省了材料，还提升了皇城的档次。

有一次，一些工匠怎么都不能投准榫（sǔn）头。蒯祥来了之后，找准位置，猛地劈了一斧头，问题就解决了，于是后人就将蒯祥称为"蒯鲁班"。蒯祥后来被任命为工部侍郎，负责很多建筑方面的工作。多年之后，北京城修建完成，明成祖在公元1421年，迁都北京。

明成祖迁到北京之后，命令姚广孝建造了永乐大钟。明成祖杀人较多，为了寻得心理上的安慰，特意建造了永乐大钟来保平安。大钟重46.5吨，高6.75米，外径达到3.3米。钟上面布满了经文，共230184字。

郑和下西洋

经过多年的发展，明朝实力大增，不仅经济得到了飞速的发展，社会也趋于稳定。明成祖时期，明朝和各国之间的往来密切，派遣使者远航成为明成祖的一个愿望。

南京的皇宫失火，建文帝的尸体却没有找到。建文帝是否真的像传说中的那样逃亡海外了，一直是明成祖心中忧虑的事情。因此，他决定派遣一个亲信进行核实。

明军在征讨元朝残余势力的时候，曾带回一个十岁左右的孩子。他的名字叫马文和，是个回族人。这个孩子十分聪明，惹人喜爱。于是，明太祖就将这个孩子送给朱棣作为侍童。马文和长大后，更加精明能干，从燕王起兵，而且在战争中立下了不少战功。燕王赐姓郑，叫郑和，并且任命他为内官监太监。明成祖认为郑和十分忠心，做事也很果断，是帮助自己办事的最佳人选。几年之后，明成祖组成了以郑和为首领的使团，使团中包括官员、航海人员、医生和翻译。共建造了六十二艘航海船，这些船的质量都是世界一流水平。

公元 1405 年，郑和第一次下西洋。一路上经过了占城、爪哇

（在今印度尼西亚）、马六甲海峡等地。各个国家都有不同的风景，人们都热情好客。但是到达马六甲海峡的时候，郑和等人遇到了一伙强盗。强盗的首领叫陈祖义，他想抢劫郑和的船队，于是深夜偷袭。没想到，郑和等人已经事先接到了密报，早已做好了迎战的准备，将船行驶到伏击圈内。只等陈祖义等人前来攻击。最终，陈祖义等人被俘虏了。

之后，郑和又进行了六次航行。途径的国家和地区达到三十多个，最远到达了非洲东海岸。在每一次航行结束之后，都有一些外国的朋友跟随他们来到中国，并且带来世界各国的奇珍异宝。明成祖为了纪念郑和下西洋，曾立碑刻文。

郑和远航下西洋不仅体现出当时我国的航海技术已经达到了一定的水平，而且也体现出我国人民的坚韧精神。同时也大大加强了明朝和其他国家之间的密切往来。这为人类文明史做出了重要的贡献。

况钟整肃苏州

明宣宗时期，苏州的治安、赋税问题层出不穷。严重地影响了当地的经济发展。一些乡绅和恶霸联合，贪官污吏横行。百姓流离失所，民不聊生，一片混乱。在这种情况下，明宣宗派遣况钟去苏州进行治理。

况钟本是江西人，做事十分干练，曾经受到明成祖的夸奖。明宣宗任命况钟为苏州知府，亲自为他送行，要求他为民除害，清理税务，做百姓爱戴的官员。

况钟来到苏州后，第一件事就是严惩当地的贪官污吏。况钟刚开始办事，官吏们就送来很多卷宗，让他审批。况钟装出一副不知所措的样子，然后按照官吏的意思处理了事情。这样，官吏们认为况钟也是一个糊涂官，应该不会有什么作为，于是都放松了警惕。

三天之后，况钟将一些贪官污吏的罪行罗列出来，然后按照法律治罪。这让那些官吏都傻了眼。况钟并没有姑息这些贪官，立即打死了数人，并将贪婪凶残、庸懦无为的属吏斥退。其他官吏被吓得战战兢兢，从此谨慎守法。

　　苏州的赋税之重是众所周知的，一些农民无法承担繁重的赋税，纷纷背井离乡。但是，离开的这些人的赋税竟然都强加到留下来的农民身上。况钟了解之后，减免了赋税，提高了农民的生产积极性。不仅如此，况钟还平反了很多冤假错案，大力兴修水利，兴利除害，扶植良善，人民奉他如神灵，亲切地称他为"况青天"。

　　公元 1443 年，况钟死在了任上。他做了十三年的苏州知府。不得不提的是，在况钟大刀阔斧地治理苏州的时候，有个人始终在帮助他，这个人就是周忱。可以说，没有周忱也就没有况钟的成绩。

土木之变

明英宗继位之后，因为过于宠信太监王振，给国家带来较大的灾难。在北京西北方有一个小地方叫土木堡（今河北怀来东）。公元1449年，明英宗亲征瓦剌（là），在土木堡惨遭伏击，做了俘虏。

王振是山西人，读书不多，后来进宫做了太监。公元1435年，九岁的明英宗继位，王振被任命为司礼太监。但是，太皇太后张氏对王振并不信任，召集了很多大臣训斥王振，不允许他干预朝政。没想到，大臣们并不同心，没有有效地制止王振的行为。太皇太后死后，王振的约束没了，就肆意横行，权力达到极点，竟然自己给自己封官。

公元1443年，蒙古草原上的瓦剌部落来骚扰明朝的边境。不仅如此，部落的首领还来北京借着进贡的名义试探明朝的实力。王振私自扣减马价，并把人逐出京城，伤了和气，使得危机加剧。

1449年，瓦剌军队分四路进攻大明，很多城池土地被攻占。战败的消息传到北京之后，明英宗和大臣商量对策。王振主张皇帝亲征，但是很多大臣都反对。最终，王振挟持英宗率五十万大军亲征。

征战的路上遇到了恶劣的天气，还缺粮严重。很多将士都不战而死，这使得军队开始混乱。这时，先锋宋瑛已经战败，军队全军覆没。大臣建议明英宗从紫荆关撤退，因为那有一条安全的小路。但是，王振却把明英宗带到了自己的家乡，只是为了向家乡人炫耀。这样一来，退兵的时机就被耽误了。

在撤退的途中，王振私自派了三万军队进行阻击，但是惨遭埋伏。明军来到了土木堡，这个地方不仅没有水源，也没有城，因此，不能久留。在天黑之前，大军完全可以赶回到城中，但王振不同意大军赶路，第二天，瓦剌大军赶来，包围了明军，土木堡被占领。

瓦剌首领假意讲和，实则是降低明军的戒备。没想到王振却信以为真，于是移营开拔，伺机逃跑。瓦剌大军一路乱杀乱砍，明军将士尸横遍野，明英宗被俘。王振也被将军樊忠杀死了。

南宫复辟

明英宗被瓦剌军俘虏之后，于谦和众大臣拥立朱祁钰（yù）为皇帝，他就是明景帝。明景帝不想失去自己的皇位，因此极其不愿意让英宗回到朝中，更不愿意和瓦剌进行议和。后来，瓦剌首领主动将英宗送回到朝中，但是，明景帝却不肯去迎接。即使后来朝中大臣都纷纷劝谏，明景帝依旧动作迟缓，不愿意去迎接。大臣杨善不了解皇帝的意思，认为明景帝也是迫不及待地要迎接英宗回朝。于是就筹划了各种办法，终于迎回了明英宗。

英宗回来之后，虽然名义上是太上皇帝，实则被软禁了起来。英宗曾经多次梦想自己能够重新登基做皇帝，掌握朝政大权。很多巴结明景帝的大臣都支持皇帝易储。于是，大臣们费尽周折，终于拥立朱见济为太子。但是，朱见济不久便去世了。太子之位不能空置，于是很多大臣都希望重新立英宗之子朱见深为太子。明景帝对这一提议十分恼火，于是对官员进行打击。

明景帝内心对英宗也有所担忧，于是派遣重兵把守英宗回来后居住的南宫。后来，明景帝身染重病，无法上朝管理朝政。大臣对皇位继承人议论纷纷，但是都以为皇帝只是偶感风寒，因此就没有过多讨论。一日，大臣石亨去看望明景帝，才知道皇帝病情严重，恐怕不久于人世。于是，他和其他大臣联合，想要复立太子，并且请太上皇帝来主持朝政。众大臣认为这一提议很好，就都同意了。

几日之后，太监曹吉祥将长安门打开，石亨等大臣率军来到南宫。恭请英宗出来主持朝政。来到东华门之后，天色已经渐明了。但是，卫兵就是不打开大门，这时，英宗大喊自己是太上皇帝。禁卫军不敢过分阻拦，因此，宋英宗一行人顺利地进入了奉天殿。朝堂上的大臣们被眼前的情景吓得不知所措。但是，有人大喊："太上皇帝复位了。"于是，众人就跟着朝拜，局势最终得以稳定下来。

于谦坚守北京

于谦是我国明代著名的诗人，他的《石灰吟》是家喻户晓的名篇。这首诗不仅脍炙人口，而且浅显易懂。于谦是浙江人，曾任监察御史、巡抚等职。他从小志向远大，想要报效祖国。公元 1419 年，于谦高中进士，任监察御史期间平反多起冤案，后来还在河南、山西等地做过官，深受百姓爱戴。

当时北京的官员们互相贿赂成风。但是，于谦却两袖清风。对于这种情况，于谦只能将愤怒的情感表达在诗中，告诫世人做官要清正廉洁。于谦受到太监王振党羽的诬陷，差一点儿就被处死。后来，官员和百姓都联名请求，希望于谦能够复任，于谦才免于一死。

于谦在北京担任兵部侍郎的时候，正赶上了土木之变。明英宗被俘，瓦剌军队马上就要打来。在万分危急的时刻，群臣乱了阵脚。有些大臣通过观测天象得出明朝气数已尽的结论，提议迁都南京。对此，于谦十分气愤，斥责了这些大臣，得到了很多忠臣的拥护。尽管如此，局面仍然十分混乱，人心还没有安定。有一天，郕（chéng）王搜集了王振的罪证，抄了王振的家。

后来，于谦和众大臣请郕王登基为皇帝，史称代宗。于谦升任兵部尚书，任务就是守卫北京城。上任之后，于谦马上采取措施进行整顿，调集物资，做好准备。瓦剌的首领带兵攻打北京城时，于谦等人率军迎战，和敌军进行了殊死搏斗。瓦剌军队没有想到北京城的军队会如此勇猛，有些畏惧。后来，瓦剌军队抵挡不住，落荒而逃。京城保卫战大捷。于谦趁此机会调兵遣将，加强了对边关的防守。战争之后的第二年，瓦剌首领将明英宗放了回来。

于谦为人正直，性格刚烈，不免遭到其他人妒忌。明英宗将明代宗废除之后，也将于谦杀害。

王阳明与"心学"

土木之变后，明朝的实力明显衰落，一直到明孝宗年间才有了一丝好转。明孝宗死后，明武宗继位。明武宗继承皇位后，宦官刘瑾当道。明武宗不理朝政，整天沉迷于吃喝玩乐，生活极其奢侈。不仅如此，明武宗还迫害忠臣。宦官刘瑾趁机结党营私，祸害国家。

公元1506年，一些官员联合起来弹劾刘瑾，但是没有成功。刘瑾没有受到处罚，相反这些上疏的官员却惨遭迫害。此后，再也没有大臣敢轻易上奏了。一段时间之后，有一个大臣又一次站出来指责刘瑾。结果，他被杖责四十。这个人就是王阳明，时任吏部主事。

王阳明是我国明代著名的哲学家和教育家。他从小就聪明好学，对事情有独立思考的能力。十一岁的时候，他曾和父亲来到北京，路上还为喝酒的人写诗助兴。进入私塾读书之后，他立下了远大的抱负，认为读书的最终目的是做个圣人，而不仅仅是为了考中科举考试。王阳明在十五岁的时候，就精通武艺，可以独自到关外走动。因此，王阳明对牧民的生活习惯了如指掌。后来，王阳明在刑部、吏部和兵部都任过职。

宦官刘瑾视王阳明为眼中钉、肉中刺，一心想要除掉他。于是，刘瑾派杀手去追杀他。王阳明急中生智，假装投江自尽，保住了自己的性命。几年之后，王阳明和随从来到了贵州龙场（今贵州修文）。这个地方四处都是山，常有毒虫出没。王阳明和当地的百姓相处得非常融洽，当地人民也愿意帮助他。

王阳明对"心"和"性"都有所研究，也做出了重要的贡献。他曾经钻研道家的理论，了解过佛家的禅理。在贵州龙场这个寂静的地方，王阳明对"心学"进行了深入研究，悟出了很多道理。他主张的"心学"是一种主观的唯心主义思想。但是，这一思想中反对盲目和提倡独立思考的思想对后来的哲学研究起到了促进作用。王阳明的心学理论成为了一种信仰，包括汤显祖在内的很多人都对其非常赞赏。

明武宗贪玩误国

公元 1506 年，明武宗朱厚照即位，他不像前几位皇帝那样勤于政事，而是游手好闲。

明武宗从小就爱玩，就连登基那天也在庄严的奉天殿玩了一出猴子坐犬背的闹剧，不久后竟然让宫女太监们模仿民间闹市，玩起了买卖游戏。

明武宗执政以来，最大的一项工程是建造了一处规模宏大的"动物园"，历时五年竣工。这座"动物园"有 200 多个房间，耗银 24 万多两，其中居住着各种各样的动物，还有各式各样的娱乐场所。明武宗特别喜欢这里，并把居住地点、办公地点都搬到了此处。

明武宗在正德十二年，自封威武大将军，亲征蒙古，虽然代价惨重，但是击溃了蒙古军队，换来了明朝北部的安定。

明武宗爱好军事，平常也喜欢运动，刘瑾是他的体育老师，同时也是有名的宦官。明武宗没事时就让刘瑾陪他骑马、打猎等，刘瑾也善于讨好明武宗，深得明武宗喜欢。像刘瑾这样的宦官一共有八人，被大臣称为"八虎"。

明武宗整天和"八虎"嬉戏，游手好闲，不务正业，大臣们认为，必须除掉他们皇上才能改邪归正。于是，大臣们联名上疏，弹劾他们，奏折写得情真意切，触动了明武宗。但此事被刘瑾得知，装得比大臣更加情真意切，还设计使明武宗迁怒于大臣。明武宗为了安抚"八虎"，给他们中的很多人升了官。

刘瑾等人得势后，利用权势逐渐掌控了东、西两厂，并命令两厂的人排除异己，凡是反对他们的人通通都要遭殃，还给加上"奸党"的头衔。此后他们更加横行霸道，敲诈勒索地方官员和平民百姓。

公元1510年，百姓忍无可忍，终于起兵造反，但被刘瑾派去的杨一清镇压。杨一清怂恿原"八虎"之一的张永告发刘瑾等人，之后他便可以留名青史了。张永动了心，将刘瑾的罪行一五一十地告诉了明武宗，明武宗查实后立即抄了刘瑾的家并处死了他。

但这并没有让明武宗励精图治，反而是开始宠信另一个宦官，依然不理朝政，百姓怨声载道，大明朝就这样逐渐衰败下去了。

正德帝怒杀刘瑾

公元 1506 年，明武宗继位，因为年号为正德，因此被称为正德帝。正德帝是宠信宦官的皇帝之一。

刘瑾是宦官的首领，他仗着正德帝对自己的喜爱，横行霸道，胡作非为。以刘瑾为首的八个宦官，欺压百姓，趋炎附势，被当时的人们称为"八虎"。很多大臣都上疏给正德帝，让他远离"八虎"，但是，正德帝不仅不以为然，甚至还升了刘瑾的官。

正德帝还是太子的时候，刘瑾就和他关系非常密切，到正德帝继位之后，刘瑾更加跋扈。正德帝受到刘瑾等人的挑拨，总是对朝中的大臣出言不逊。大臣主张撤掉"八虎"官职的谏言没有被采纳，久而久之就放弃了。刘瑾升官之后，行为较之前更嚣张，不仅祸乱朝政，而且使得正德帝贪恋美色。于是，朝廷中大小事件的处理都由刘瑾负责，大臣提出的一些对刘瑾自身利益有害的建议就会被驳回。当时的百姓都说朝廷中有两个皇帝，一个是坐着的，一个是站着的。

刘瑾在朝中的亲信很多，势力强大。大臣无论官职大小都对刘瑾百依百顺，甚至称他为千岁。正德帝对宦官寄予了厚望，希望能够依靠他们建立新的权力体系。刘瑾在暗地里和锦衣卫与东、西厂勾结，时刻对大臣们进行监视。朝中大臣对刘瑾恨之入骨，常常上疏正德帝，谏言铲除刘瑾。没想到正德帝不仅不过问，反而觉得这是不可能的事情。刘瑾会千方百计地找到奏折的出处，很多官员都因此而丧命。

在天气炎热的时候，刘瑾不允许大臣饮水。于是，很多大臣都因为中暑而死。而且，刘瑾还时不时地审判上疏的官员，后来发现有的奏折竟然出自宦官之手。

后来，有些宦官为朝廷立下了战功，正德帝大肆封赏。其中一个宦官为人正直，知道刘瑾的一切罪行，借着正德帝为他们接风的机会告发了刘瑾。于是，正德帝派人去查，找到了很多刘瑾的罪证。正德帝震怒，将刘瑾处死了。

严嵩迫害忠臣

公元 1522 年，明世宗继位，改年号为嘉靖。明世宗统治后期，对政事不闻不问，整天在深宫中研究求仙问药的事，希望能够炼就丹药，保自己长生不老。国家大事都由大臣来处理，其中有一个大臣就是严嵩（sōng）。

严嵩最会见风使舵。他在和皇帝商议事情的时候，从不发表自己的意见，只顺着皇帝的意思说。这人溜须拍马的本事很强，受到明世宗的赏识，并且做了大学士和内阁首辅。

严嵩和自己的儿子相互勾结，把持朝政，无恶不作。百姓甚至编出讽刺的歌谣来讽刺严嵩父子。当时，蒙古逐渐强大。公元 1529 年，蒙古军队开始侵犯明朝。从陕西一直到长城都能见到蒙古的军队，严嵩对此毫无办法。蒙古军队眼看着到了北京城，严嵩等人却束手无措，幻想着蒙古军抢劫了东西之后就会撤退。严嵩派去的将军是一个贪生怕死的人，他不主动抵抗，还滥杀村民，砍下他们的头，冒充蒙古军队士兵的人头。最后，蒙古军抢够了真的撤退了。于是，皇帝奖赏了严嵩。后来，朝廷的一些大臣提出和蒙古议和，但是这种议和并不能保证朝廷一直安定。于是，很多大臣都纷纷对议和提出了反对的意见，其中最为激昂的大臣就是杨继盛。他给皇帝上了多个奏章，详细介绍了议和的害处。皇帝也觉得有道理，但是却遭到严嵩等奸人的挑拨和诬陷，不久之后杨继盛被打入大牢。

杨继盛家境贫寒，终于有机会上学之后，刻苦学习，考中了进士，做了官。他为人非常正直，对严嵩等人的行为十分不满。被召回京城做官之后，严嵩等人曾多次拉拢他，但是都没有成功。杨继盛列举了严嵩的多条罪证，报告给明世宗。明世宗却十分生气，反而又将杨继盛关进大牢。狱卒们对杨继盛严刑拷打，他不喊疼，也不求饶。后来，在严嵩的挑拨下，明世宗下旨将杨继盛杀害。

嘉靖帝斩严嵩

　　正德帝死后，他的堂弟继位，是为嘉靖帝。嘉靖帝信奉道教。有一个大臣名叫严嵩，他比较擅长写青词（祭祀的祝文），因此，受到嘉靖帝的高度赞赏。

　　严嵩，字惟中，江西人，从小家境贫寒，父亲对他要求严格。在父亲的教导之下，严嵩才华出众，八岁就能诵读难度较大的诗文，而且能够写出非常出色的文章。周围的邻居和乡亲都很喜欢他，称他为"神童"。

　　严嵩长大之后凭借自己的才能身居要职。江西有一个叫夏言的人，是严嵩的老乡，于是严嵩就拜他为师。严嵩和夏言相互扶持，相互学习，为朝廷做出了很大的贡献。公元1528年，嘉靖帝被严嵩写的青词触动，提升了他的官职，派他去祭拜显陵。祭拜回来之后，严嵩对嘉靖帝说："微臣在祭拜之前，天降小雨。刚刚开始祭拜天就转晴了。装载碑石的大船进入汉江的时候，江水就会上涨，显然有神灵保佑。一定是皇帝的孝心感动了神灵。"

　　事实上，这些都是严嵩自己编造的，他是为了哄嘉靖帝高兴。

不久之后，皇帝封严嵩为礼部左侍郎。从此以后，严嵩的职位越来越高，而且都是要职，他受到嘉靖帝的高度赏识。

后来，严嵩陷害夏言，夏言曾经一度被贬官，但最终也官复原职了。之后，严嵩抓住嘉靖帝和夏言之间的矛盾不放，从中作梗，致使嘉靖帝将夏言斩首。随后，严嵩成为了内阁首辅。

不久之后，朝中大臣看到严嵩权力很大，而且还是嘉靖帝面前的红人，都纷纷讨好他。严嵩私自收取贿赂卖官鬻爵，和自己的儿子严世蕃串通一气，在朝堂上为非作歹。后来，严嵩年老，对朝廷上的一些政事处理起来不如从前那样得心应手，使得嘉靖帝很生气。此后，大臣邹应龙状告严嵩。于是，嘉靖帝派人彻查了严嵩的种种罪行。最终，严嵩被免职，抄家，不久病死。

海瑞忠诚直谏

明世宗的疑心很重，一些大臣都不敢轻易将自己心中的想法说出来。但是，明世宗晚年的时候却遇到了一个真正敢于说真话，不怕死的官员，他就是海瑞。

明世宗一直沉迷于求仙问药，不理政事，加之朝廷上腐败的风气依旧，百姓生活十分困苦。海瑞多次劝诫，但是没有起到任何作用。后来，海瑞给自己准备好了棺椁，和妻子诀别，冒死劝谏明世宗。明世宗终于读了海瑞的奏章，却气愤不已。因为，海瑞的奏章中说明世宗沉迷于求仙问药实属不妥，百姓因此而穷困潦倒，长此以往，国家的安危就没有了保证。看到这些之后，明世宗气得将奏章摔在地上。下人将海瑞准备好了棺材的事告知明世宗之后，明世宗便下旨将海瑞抓捕起来。两个月后明世宗去世，海瑞被放了出来，并官复原职。

海瑞从小就生活在贫穷的家庭中，深刻体会到穷人的疾苦。虽然中了举人，但却无缘进士。在他办学的地方从不下跪，只作揖。海瑞做淳安知县时，告诫官员们不能铺张浪费。但是有些官员仍然不顾劝告，继续过着奢华的生活。海瑞知道后采用了巧妙的方式进行劝说。

　　公元 1569 年，海瑞做了应天巡抚。一些有钱的大户人家都不敢张扬，尽量不惹人注意。海瑞将富人强占的土地强行分给一些土地较少的贫困人家。他不惧怕当地的富人恶势力，反而拿他们先开刀。不仅如此，海瑞还带领当地的居民疏通河道，保证了农业的发展。

　　海瑞全心全意为百姓着想，因此得到了民众的拥戴。但是，海瑞的行为却遭到了地主的反对，地主对海瑞十分不满意，处处排挤他。最后，海瑞不得不告老还乡。公元 1585 年，海瑞再一次被任用，先后担任南京吏部右侍郎和南京右都御史。此时的海瑞已经七十二岁高龄了。海瑞的一生都心系百姓，最终死在任上。他为官清廉，自己没有一亩田地，丧事都是同僚募捐善款才办的。

江南四大才子

我国江南地区一直以来都以风景秀美著称。江南不仅经济发达，也出了很多文人雅客。其中比较著名的就是"吴中四才子"。唐寅（yín）、徐祯卿都是吴县人，文徵（zhēng）明和祝允明是长洲（今属江苏苏州）人。四人在思想和才华上有相似之处，因此往来密切。

对于官场上的腐败，四个人都非常厌恶，并且不愿意被程朱理学束缚。他们崇尚独立思考，寻求个性解放。他们的很多作品中都表现出个性解放的思想，对百姓十分尊重。很多流传至今的故事都是对他们四人高尚行为进行传颂的。

唐寅就是人们常说的唐伯虎，他很有才华，性格放荡至极。公元1476年，唐寅去参加科举考试，主考官对其十分赏识。不料唐寅却被诬陷考试作弊关进了大牢。一段时间之后，唐寅的冤案被平反了，但是却被贬了官。最令人不解的是，诬陷他的竟然是最亲近的同学。从此以后，唐寅对官场上的相互倾轧（yà）十分厌恶。于是，他辞官回家，和朋友们饮酒作诗，逍遥自在。这期间，唐寅游览了名山大

明－唐寅－临李公麟饮中八仙图

川，他的作品多表现出官场不公以及他对世事的不满。他的画，画风幽美，写意效果极佳，也十分有名。

文徵明从小学习刻苦，对自己要求严格。别人闲聊的时候，他却在努力学习。《千字文》是文徵明的书法代表作。由于每天临摹数次，因此，他的书法水平很高。他参加科举一直没有考中，很是遗憾。

祝允明也被称为祝枝山，因为手上多长了一个手指而得名。他五岁会写字，九岁能作诗，才思敏捷。

徐祯卿也是一个聪明的人，他的家中没有藏书，但是，他却凭着自己天生的记忆对文学知识进行了解。可惜的是，徐祯卿英年早逝。

浙江绍兴一带是文人墨客频出的地方，不仅出文学家和戏曲家，还出画家。徐文长就是一个杰出的画家代表，他的画作思想艺术手法独特，堪称一绝。

戚继光抗倭

明世宗时期，倭（wō）寇（14—16世纪屡次侵扰劫掠朝鲜和我国沿海的日本海盗）横行，对明朝的统治造成了极大的威胁。早在明朝建立的初期，倭寇就来中国边境抢劫。让人不安的是，沿海的一些地方官员、商人和倭寇之间有密切的联系，他们为了利益可以结成团体。朝廷的利益受到威胁，决定围剿倭寇。

公元1555年，戚继光被调到浙江，抵抗倭寇。谭纶和俞大猷（yóu）等人也一同抗倭，他们对戚继光十分支持。在和倭寇的战争中，戚继光的军队连战连捷。但是，战争中戚继光也发现了明朝军队

明代军事家戚继光书法作品

的缺陷，明军纪律涣散，战士的士气也不高。有些士兵为了立功，甚至残杀自己人。后来，戚继光组织了一批既能够吃苦耐劳，又有一定胆量的将士，组建了一支新的队伍，命名为"戚家军"。通过短时间的训练，这支新的队伍不仅纪律严明，而且能够熟练使用武器。这支队伍和戚继光在多方转战中得到了很好的历练。在抗倭的战争中也发挥了巨大作用。戚继光的名字令倭寇闻风丧胆，"戚家军"更是让倭寇不寒而栗。

在最后关头倭寇还负隅顽抗，但最终以失败而告终。公元1561年，浙江的倭寇被驱逐出去了。随后，戚继光又带领了手下的将士来到福建等地，对这些地方的倭寇进行清剿。戚继光派熟悉水性的将士去查看情况，对地形和水深等进行了解，回来之后制订了可行的攻打方案。他让士兵每人都拿着一捆干草，待大潮退去之后，将草扔在河面上。大军顺势发起总攻，一举歼灭了倭寇，大获全胜。

此后，戚继光在牛田、平海卫等地也进行了抗倭，都取得了较大的胜利。到十六世纪六十年代中期，多年占据南澳岛的倭寇被戚继光清剿。至此，扰乱我国东南沿海多年的倭寇被清剿干净。

李时珍著《本草纲目》

李时珍是明代一位著名的医药学家。李时珍对医学的研究一丝不苟，并用毕生精力写下了医药学巨著《本草纲目》。李时珍家里世代行医，他从小受父亲影响最大。从能看懂医书开始，李时珍就认真研究医药，多数时间都用来上山采药，给人开方治病。他对能够入药的植物颇有研究。

但是，李时珍的父亲对儿子从医这件事不是十分赞成。他希望李时珍能够通过科举考试，谋得一官半职。但是，李时珍却对医学有着浓厚的兴趣。李时珍知道，读百遍医书不如一次实践。于是，他在熟读《内经》等医学典籍之余，开始进行临床治疗练习。同时，李时珍有着高尚的医德，救死扶伤，深得百姓的爱戴。

有一次，楚王的儿子得了病，请来的医生都束手无措。这时，管家向楚王推荐了李时珍。抱着试试看的态度，楚王请来了李时珍。经过问诊和观察，李时珍确定这个孩子得了胃肠方面的疾病，于是开了一个方子，果然药到病除。楚王十分欢喜，留李时珍在府上做事。公元 1556 年，李时珍被推荐到太医院做医官。

　　明世宗沉迷于炼丹，希望自己长生不老。医官们大多阿谀奉承。但是，李时珍却极力反对，他认为世界上没有长生不老的人，炼丹吃药根本就没有医学的依据。李时珍在太医院期间接触到了很多医学著作，大大增长了他的见识。之后，李时珍辞官回家，游遍了名山大川，对医药学有了更深入的研究。

　　一次，他游历到广西，看到受伤的士兵们都在服用一种叫三七的东西。他便上前询问，知道这对外伤有奇效，不仅可以内服还可以外用。于是，李时珍就将它记载下来。还有一次，武当山上长出了一种榔（láng）梅，人们都说榔梅有返老还童的作用。但是，李时珍对其进行了细致的研究，发现这只是一种水果，并没有返老还童的功效。

　　李时珍将一生的研究都写在了《本草纲目》当中，书中共有一千八百多种药物，分类方法极其简便。这一著作还被翻译成了多种语言，广为流传。

聪慧少年徐文长

徐文长就是徐渭，他是明代著名的文学家和书画家。他自小就很喜欢思考问题，常常用自己的智慧解决一些事情。

传说，在徐文长十岁的时候，他就自己去上学，有一天，他走到一座石桥上的时候，看见有很多人围在石桥周围，他很好奇，就去看看。原来在石桥对面的河道里，有两个人在吵架，一个人想要过去，就让前面的船夫赶紧开船，但是船夫的船上有很多的稻草，稻草堆得太高，无法穿过桥洞，如果将稻草先搬下来一部分只运走剩余的，再回来用空船运之前搬下来的稻草，然后将所有稻草再堆在一起，这样就太浪费时间了，可是后面的人已经等不及了。两个人因为船无法出发的问题，一直在争吵，他们两个人的争吵声引来了很多人。

徐文长对船上的稻草进行了观察，这些稻草的高度正好高出桥洞半尺，这样子的确无法通过桥洞。这时，很多好心人就想帮船夫搬稻草，因为如果再不搬运，大家都走不了了。但是徐文长却在此时制止了这些人，他说其实不用搬稻草也可以让船过去。他让船夫在船里面装一些水，船的重量加大，就会下沉，那么船的整体高度就会下降，这样就能够通过桥洞了。船夫听了徐文长的话，果然通过了桥洞。

还有一次，徐文长的伯父想要考考徐文长，就跟徐文长说，如果他能够拿着两个装满水的水桶，通过竹桥，就会给他礼物。竹桥本身很软，通过时重量过大，就会断开。但是徐文长很快想出了办法，他用麻绳将水桶拴在了一起，然后他将水桶放在了水里，人提着麻绳很轻松地就过了竹桥。他的伯父还想接着考他，就将给他的礼物挂在了一根很长的竹竿上，他要求徐文长不能借助任何东西，同时也不能折断竹竿将礼物拿下来，如果能拿到，这个礼物就是他的了。徐文长听了这话，想了一会儿，就将竹竿带到了水井的旁边，他将竹竿放到水井中，让竹竿下降，很快他就拿到了礼物，他的伯父看到这里连连夸奖徐文长。

张居正革新政治

明穆宗继位后只做了六年皇帝。公元 1572 年，明穆宗知道自己病重，将不久于人世。于是召来大臣张居正和高拱，希望他们二人能联合群臣一起辅佐太子，治理好国家。不久，太子继位，史称明神宗。

张居正比较热衷于政治改革。在明穆宗时期，张居正得到重用。他主张重用贤良之才，改革朝政，加固边防等。同时，张居正和戚继光、高拱等人一起进行北方的保卫战，给北方地区带来了较长时间的和平。

张居正培养明神宗十分用心，合理安排明神宗的时间。在讲解知识的时候，张居正都是理论结合实际，明神宗受到了良好的教育。张居正还编纂了《帝鉴图说》，书中有很多历代皇帝治理国家的故事，他将文字配上插图拿给明神宗看。明神宗对此十分感兴趣，加上张居正的指点，明神宗很快就掌握了治理国家的要点和精髓。

一次，朝中传来了辽东方面的情报，说敌军正在大举进犯。这一消息吓坏了明神宗，但是张居正分析后说这是假消息。后来，确实证实消息不可靠。张居正告诉明神宗，只有了解敌人的真实动向才不至于听到消息之后手忙脚乱。

在此之后，明神宗下令加强驻防军队训练，武器装备也都得到了完善。军队在战争中收复了很多失地，得到明神宗和一些大臣的支持，改革顺利进行。张居正的改革从用人、军事到税收和水利，涉及了多个方面。腐败风气得到了扼杀，朝廷的工作效率提高了。紧接着，张居正又推出了一条鞭法，对国家的土地重新丈量，地主多占的土地要还给农民，同时，还将土地折合成银两。这一措施不仅减轻了农民的负担，还使社会的稳定性更强了。

久而久之，张居正的改革被很多大官僚憎恨，于是他们在暗地里沆瀣一气，污蔑张居正。明神宗也不愿意张居正总在旁边严厉地对待自己。在张居正死后，明神宗就开始废除张居生前推行的改革措施。最后，除了一条鞭法之外，张居正所有改革措施都被废除。

三娘子巾帼不让须眉

在蒙古历史上，有很多德才兼备的著名领袖，除了成吉思汗和忽必烈之外，还有一个著名的巾帼英雄，她就是三娘子。

三娘子原名克兔哈屯，是蒙古西部首领的女儿，后来嫁给俺答汗为妻。俺答汗是蒙古一个部落的首领，同时也是比较著名的军事家和政治家。经过多年的奋斗和努力，俺答汗终于在蒙古称雄。俺答汗非常爱自己的妻子，遇到事情也常与她商量。

公元 1571 年，三娘子希望俺答汗可以和明朝进行互市贸易。于是，她自己带着马匹进贡给明朝。朝廷见到三娘子的诚心就赏赐给她大量金银财宝。自此马市贸易往来频繁，经济往来密切。此后，三娘子积极地维护与明朝的马市贸易，同时和明朝的关系也非常好。

俺答汗的儿子辛爱黄台吉总是想破坏蒙古和明朝之间的贸易，却遭到俺答汗的极力反对。俺答汗知道三娘子和自己儿子之间有矛盾，于是在自己去世之前给了三娘子很多精兵。

公元 1578 年，三娘子陪同俺答汗去拜见达赖喇嘛，用佛法来修身养性。后来，三娘子还帮助俺答汗扩建库库河屯（今呼和浩特）地区，后来，人们将这座城称为三娘子城。

公元 1581 年，俺答汗去世。辛爱黄台吉继承了汗位，按照习俗让三娘子嫁给他。但是，由于他是个出了名的恶棍，并且反对蒙古族和汉族之间的友好往来，三娘子不愿嫁给他。后来，在明朝大臣郑洛的提点下，三娘子终于将私人恩怨放到一边，嫁给了他，成为顺义王夫人。辛爱黄台吉想要进军中原，对马市的贸易进行阻止和破坏，但是，遭到了三娘子的拒绝。后来，辛爱黄台吉沉迷于酒色，很少过问政事。于是，三娘子就替他主持政事。

辛爱黄台吉死后，三娘子嫁给他的儿子为妻，对于政事仍然十分关心。她对侵扰蒙古和明朝边境的人进行惩处。明朝封三娘子为忠顺夫人。公元 1621 年，三娘子病逝。三娘子对蒙古族、藏族和汉族之间的和睦关系起到的积极促进作用，被后人称颂。

晚明三案

明末，朝廷的内忧外患十分严重。面对金军的威胁，明王朝已经无力抵抗，而就在此时，后宫又发生了三件十分可疑的案件，分别为"梃击案""红丸案""移宫案"。

首先是"梃击案"。公元 1615 年（万历四十三年），一个来自乡村的莽夫拿着木棍来到太子的寝宫，打伤了守门太监，最后被内侍抓住，关进大牢。万历皇帝对这件事非常重视，命人务必查个水落石出。经过审问，这个人终于交代自己叫张差，是由太监庞保、刘成领进宫的。由于这两个太监在郑贵妃的宫中当差，于是又将郑贵妃牵扯到其中。郑贵妃跪地求饶，希望万历皇帝能够宽恕她。后来，万历皇帝将两个太监和张差全部杀掉，这样"梃击案"也就算结束了。

其次是"红丸案"。明光宗继位不久就出现了这一案件。明光宗的身体不好，但还是寻欢作乐，后来，重病缠身，普通的药物无法治愈。有一天，鸿胪（lú）寺丞李可灼（zhuó）拿着红丸进宫面圣，说自己的红丸是仙方，可以治愈百病。明光宗就将红丸服下了，第二天明光宗的病真的好了，于是，就继续吃下了第二颗红丸，却疼痛难忍，最终明光宗死了。但是，大家都不知道明光宗为什么会去世，这也成为了一个谜案。

最后是"移宫案"。李选侍深得明光宗的喜爱，明光宗去世之后，熹宗继位。她和奸臣密谋，利用熹宗年幼，把持朝政，并与熹宗一同居住在乾清宫。朝中的一些大臣多次劝说李选侍移宫，在群臣的极力劝说下，她终于搬到哕鸾宫。从此以后，李选侍再也没有机会争取皇太后的位置，同时也再也没有可能把持朝政。这就是明朝历史上有名的"移宫案"。

这三个案件被人们称为"晚明三案"，它们至今仍然是人们谈论的话题。

神宗罢朝

万历前十年，大学士张居正辅佐神宗处理政事，更新祖制，社会经济发展良好。神宗 20 岁时，张居正逝世，神宗开始亲政。开始的一段时间他也勤于政务，发动了"万历三大征"，平定了哱（bō）拜叛乱和杨应龙叛乱，巩固了明朝统治。

后来，神宗偶然宠幸了慈宁宫的宫女王氏，王氏生下了神宗的长子朱常洛。但是，神宗不喜欢王氏，自然也不喜欢朱常洛。神宗真正喜爱的是聪明机警且通晓诗文的郑氏。神宗为了满足她，决定要立郑氏的儿子朱常洵为太子。

神宗的这个决定遭到了大臣的极力反对。大臣不断上疏，认为应当立长子朱常洛为太子，神宗便找借口拖延立太子一事。大臣看出了神宗的心思，便不断上奏。最后，神宗终于不顾郑贵妃的眼泪，把朱常洛封为太子，朱常洵封为福王。长达 15 年的"国本之争"就此结束。

大臣的激进进言，使得神宗心灰意冷。自万历二十年，神宗便开始不上朝，改为私下里召见大臣议事。渐渐地，神宗完全不理朝事，大臣的奏章也不予理会，一放再放。这一罢朝就是三十余年，朝廷的大臣老的老，病的病。纷纷离任回家。官职空缺现象尤为严重。叶向高为了补充内阁成员，曾向神宗上了一百多个奏折才得到了神宗的批准。

朝中官员的缺失，使得民间的贸易得到了广泛发展。徽商把瓷器、丝绸、茶叶卖到欧洲的西班牙、荷兰，同时把海外的马铃薯、烟草等经济作物带回中国。山西人挑着担子，推着小车把江南的粮食运到北部边镇，此外又陆续出现了打铁、酱铺等小作坊，民间经济得到了快速发展。从外国流进的白银也促使中国经济的发展。但与此同时，土地豪商大肆垄断和吞并土地，大量农民没有土地，加上天灾不断，农民流离失所。

整个大明王朝在各种斗争与民变的过程之中已经变得千疮百孔，神宗却不问世事。这种官职空缺之多，民间争斗不休的现象，是中国历史上罕见的。

汤显祖作《玉茗堂四梦》

张居正辅政期间，汤显祖等人进京赶考，没想到却被张居正的手下威胁。张居正的手下让汤显祖等人在考场上不能正常发挥，成绩不能高于张居正的儿子。汤显祖严词拒绝了张居正的手下。

汤显祖是江西人，从小就喜爱读书，五岁就可以对对子，十几岁就可以作诗。在父亲的影响下，汤显祖对戏曲也十分感兴趣。汤显祖虽然在考试中落榜，但是却受到了人们的称赞。后来，在第二次考试中高中进士，但他不愿意被别人拉拢，希望按照自己的想法做事。汤显祖在南京做官时，正好遇到灾荒。朝廷派遣的一些官员只顾吃喝玩乐，不顾百姓的死活。汤显祖气愤之下上奏皇帝。没想到皇帝竟然不相信，反而把汤显祖贬了官。

汤显祖到浙江做了知县，得到了人们的拥戴。但是，他性格正直，不愿巴结权贵，因此被免官。此后，汤显祖就开始研究戏曲。

汤显祖创作的《牡丹亭》（又名《还魂记》）非常著名。《牡丹亭》讲的是杜丽娘和柳梦梅的故事。太守的女儿杜丽娘一天做梦梦到了柳梦梅，相思之苦使得杜丽娘得了场大病，不幸死去。三年后，柳梦梅途经此地，捡到了杜丽娘的画像，于是和杜丽娘的魂魄相会。杜丽娘起死回生，二人得以在一起。但是，太守却坚决反对，直到柳梦梅高中状元，太守才同意这门亲事。汤显祖生动地刻画了封建社会追求幸福的女性的形象，同时提倡爱情自由。

《南柯记》讲述的是淳于棼（fén）在梦中和瑶芳公主成婚的故事。《邯郸记》讲述的是一个叫卢生的人，在梦中享尽荣华富贵，后来梦醒才知是黄粱梦。《紫钗记》则是描述霍小玉和李益的故事。

《牡丹亭》《邯郸记》《南柯记》《紫钗记》四部戏被后人称为《玉茗堂四梦》。这些作品影响深远，在我国文学史上也有很高的地位。

朱载堉钻研乐律

和汤显祖一样，明朝时期的朱载堉（yù）也是一个对戏曲颇有研究的人。明朝时期分封了很多亲王和郡王，贵族集团的规模日益扩大。一些贵族并没有实际作为，只是一味地搜刮民脂民膏。但是，其中有一个亲王却在经济、政治以及文化上都做出了极大的贡献，这个人就是朱载堉。

朱载堉的父亲是郑恭王，怀庆（今河南沁阳）是他的封地。郑恭王为人正直、忠厚，而且学问颇深，生活上也十分简朴。郑恭王十分不满明世宗迷信和炼制丹药，在别人都送香烛巴结明世宗的时候，他却送去书籍，希望明世宗能够修炼自己的品德。结果，明世宗十分生气，将其打入大牢。再加上一些阿谀奉承的小人的挑唆，郑恭王的王爵也被明世宗革去。

朱载堉从小就受到父亲的影响，对自己的要求十分严格。他的舅舅是一个懂得音乐和天文的大臣，曾著《阴阳律吕》。朱载堉小时候就跟着舅舅研究这些内容，舅舅死后将这一著作送给了朱载堉。传说，朱载堉看到父亲银铛入狱，不能安心地住在怀庆的王府，于是就在宫墙外面建造了一个土屋，在里面一住就是十九年。其间，他大部分时间都在研究自己喜欢的学问。其父亲平反后，朱载堉才回到王府，但是十九年间都没有间断对学问的研究。

父亲去世之后，朱载堉并没有继承父亲的王爵，而是向皇帝请求让他能够专心研究自己所喜爱的学问。经过再三请求，皇帝终于答应了，还特许朱载堉享受亲王的俸禄。

朱载堉的研究包罗万象，有乐律、数学、历法等，他在这些方面都有显著的成就。他曾经精准地为乐曲记谱，还绘制了很多舞谱。此外，他还参加音乐演出，用珠算进行开方。不仅如此，他还能计算出京城的磁偏角，回归线的长度，等等。

朱载堉在音律方面的建树不容小觑。"十二平均律"就是他研究出来的。朱载堉将这一研究成果写到了《律吕精义》中，这具有空前的创造性，意义重大。

违背世俗的李贽

明朝后期，出现了一个学派。这个学派的信奉者众多，该学派主张人类天生就有良心，世界万物都是有道的，人们通过对道的领悟就可以成为圣人。这一学派的信奉者对官方思想持反对态度，他们提倡劳动。学派的创始人叫王艮（gèn），事实上，这一学派是从王阳明的"心学"发展而来的。

这一学派中有一个重要的人物，名叫李贽（zhì）。他性格十分叛逆，多次公然批判孔孟传统儒学。后来，李贽跟随王襞（bì）学习泰州学派的相关学说。他一生都过着清贫的生活，在闹饥荒的时候，李贽的三个女儿饿死了两个。他对做官不太感兴趣，不顾人们的反对，辞官回家。在好友耿定理家借住的那段时间，他帮忙教育耿定理的孩子。在教育的过程中，李贽并不是采用传统的方法，而是用开发孩子天性的方法，效果非常好。在耿定理死后，李贽就搬出了耿家。朋友帮他建造了房屋，他才得以落脚安身。虽然他的生活一贫如洗，但仍然不忘读书和讲学，这一阶段他写了很多文章，对后世的影响较深。李贽也做出了很多惊世骇俗之举，如剃光头，招收女弟子等等。

因此受到了所住地官军的驱逐。

公元 1600 年，李贽的房子被反对他的人捣毁。没有办法，他只好四处流浪，但依然没有放弃读书和写作。后来，李贽来到京城附近，被朝廷的卫道士活捉。在狱中，李贽仍然不忘宣传自己的思想，并对朝廷的迫害积极抗议。

最终，李贽在狱中去世了，但他留下了很多著名的作品，包括《藏书》《焚书》等等。李贽的观点主要就是普通人和圣人一样，每个人都是圣人。即使是孔子的话也不一定完全正确。真理一直活在人们的心中。男女是平等的，为了追求幸福，私奔也是值得赞赏的。

李贽的这些思想在当时看来是离经叛道的，完全不被接受。

宦官"九千岁"

　　宦官是中国古代专供皇帝、君主及其家族役使的官员，中国古代有许多因奸诈而出名的宦官，其中最为大家熟知并诟骂的非明朝的魏忠贤莫属。同时，他也是中国历史上唯一一个被称作"九千岁"的宦官。

　　魏忠贤本是一个街头混混，整日不学无术、游手好闲。他出生于河间肃宁（今属河北），年轻时沉迷赌博，无法自拔，因此欠下无法偿还的赌债，走投无路时进宫做了太监。从此他的宦官之路便开始了。

　　起初，魏忠贤进宫后结交内监马谦，他深知马谦能给自己想要的权力，就表现得忠心耿耿，终于获得了与宫女联系的美差。他从宫女那了解到明熹宗朱由校对自己的奶妈客氏十分敬爱，他想从中获利，便想方设法地与客氏套近乎，终于与客氏结成了对食。

　　朱由校于泰昌元年（1620 年）继位，魏忠贤凭借与客氏的特殊关系，加之客氏经常在皇帝面前提起他，魏忠贤被升为司礼秉笔太监，逐步掌管了司礼监，并开始了长达 7 年的谋权活动。他通过对皇帝的观察，发现皇帝喜欢独自一人制作工艺品，不喜被打扰。借助对皇帝这一癖好的掌握，每逢皇帝独自一人制作工艺品时，魏忠贤便上奏一些奏折，此时皇帝便会不耐烦地让魏忠贤自己看着办。自此，魏忠贤便更加肆无忌惮地拉拢朝廷势力，并且在朝廷之上安插亲信。从此所有人都知道魏忠贤的意思便是皇帝的旨意，朝中大臣对他言听计从。

魏忠贤的恶行使得民不聊生，最终引起了民愤。左副都御史杨涟上奏折弹劾魏忠贤的二十四大罪状，此消息传到了魏忠贤的耳中，他对杨涟无所不用其极，严刑拷打逼其认罪。但是杨涟在残酷的刑罚面前没有低头，他相信善有善报、恶有恶报。最终，杨涟被残忍地杀害了。

当魏忠贤的势力遍布朝野上下，气势熏天之时，明熹帝驾崩。朱由检继位，他深知魏忠贤的恶行，继位后的第一件事情就是铲除魏忠贤，并且清扫此人在朝廷的党羽，最终魏忠贤上吊自杀。

葛贤痛打宦吏

在明代，苏州的纺织业十分发达。纺织工人往往都是依靠技术和体力吃饭。那时，随州的纺织品可以在全国范围内销售，而且闻名海内外。

苏州地区虽然繁华，但是也免受不了暴政。皇室贵族要将丝织品作为贡品，但是，一个龙袍的缝制需要一个织工花费将近两年的时间。同时，苏州各个地区的赋税也十分沉重。百姓连连叫苦，多数机户都失业了，社会稳定受到严重威胁。

最为残暴的是太监孙隆征收赋税。在各种类型的交通要道上都要设置收税的关卡。根据买卖大小来收取本来就超过标准的赋税，就连百姓所养的鸡鸭都要收税，百姓怨声载道，致使苏州人民的起义层出不穷，葛贤就是其中一个带头人。当时，官吏殴打百姓已然成风。葛贤怒火中烧，上前将官吏手中的皮鞭抢夺下来，抓住官吏一顿毒打。周围的百姓也纷纷上前帮忙，他们将设置关卡的官吏们都教训了一番。后来，群情激愤，葛贤带领着百姓去找太监孙隆。

大家来到税监衙门，一些衙役被吓得屁滚尿流，站在一旁不敢作声。看到衙门门口人山人海，太监孙隆知道大事不好，于是乔装成商人，在几个衙役的掩护下逃跑了。这次活动声势浩大，苏州知府迫于舆论压力，最终答应了撤销一定数量的税收。百姓的怒火才得以平息。

没过多久，苏州知府就将闹事的百姓逮捕，葛贤也在其中。他们抓住了葛贤，并加给他各种罪名，最后他被判死罪。知道这一消息之后，百姓又联合起来请愿，要求官府立即放了葛贤。但是，官府却一直把他关在大牢里。

公元 1613 年，明神宗看到地方百姓对税收都心存不满，才将葛贤释放。葛贤成为苏州人民心中的英雄，群众为了感激和纪念他，特意为葛贤建立了祠庙。

葛贤痛打官吏的事件在当时轰动一时，不仅为百姓争取到了减轻税收的好处，还教训了作威作福的官吏们。

虎丘五人墓

魏忠贤的势力日渐增大，以前和他有来往的人都被他提拔重用，在朝廷上居于要职。这些人当中有帮着魏忠贤出主意的，有帮着他清除异己的，他们被当时的人起了很多绰号，比如"五虎""五彪"等等。

魏忠贤将朝廷上下搅得乌烟瘴气。一些忠臣因在朝廷上被迫害而辞官了。其中有一个大臣叫周顺昌，他是弹劾魏忠贤的头号人物。曾经因为联合其他大臣弹劾魏忠贤，被削了官职，回到家乡。

公元1626年，由于周顺昌在家中还怒骂魏忠贤，被人听到告诉了魏忠贤，因此，被魏忠贤捉拿。一些百姓知道这是个冤案，于是就纷纷走上街头为周顺昌请愿，但并没有什么效果。就在此时，东厂的一些宦官对百姓大肆恐吓，用权力镇压。百姓不但没有畏惧东厂宦官的势力，直接向他们冲过来。这些宦官欺凌百姓的势气瞬间就不见了。百姓们怒气冲冲地朝他们走来，劈头盖脸地一顿恶打。那些宦官都逃跑了。

百姓看到这种情况，反抗的意识更强了。他们跑到奸臣毛一鹭的轿辇（niǎn）跟前，却不见里面有人。原来，毛一鹭在人们不防备的情况下悄悄地溜走了。没想到，毛一鹭的前面正好有一个粪坑。他没有注意，就直接掉到粪坑当中。百姓都散去之后，他才从粪坑中出来。

东厂的宦官回到京城之后，连忙向魏忠贤告状。魏忠贤大怒，于是派兵镇压苏州百姓，还将带头闹事的人抓住押入大牢。这五个人分别是颜佩韦、杨念如、马杰、沈扬和周文元。魏忠贤等人给他们定了一个煽动叛乱罪，并且定为死罪。几天之后，这五个人被押入刑场，斩首示众。行刑之前，这些人仍然面不改色。为了纪念这五个人，苏州人民不再用天启钱。百姓将这五个人葬在虎丘东边的山塘，并且立了墓碑。

努尔哈赤统一女真各部

明朝后期，北方的一些部族发生了翻天覆地的变化。公元1616年，努尔哈赤建立了后金，称大汗，成为明朝的劲敌。

女真族是一个相对古老的民族，北宋末，阿骨打统一各部，建立金政权。明代，女真族分为不同的部落。明中央政府在当地设都指挥使司、卫、所等各级行政机构，管理军、政事务。

公元1559年，努尔哈赤出生于赫图阿拉（今辽宁省新宾县境内）建州左卫一个小部酋长家里。努尔哈赤19岁时，因继母对他十分刻薄，不得不分家生活，而他获得的家产很少。他为了生活，与蒙古人、汉人进行贸易活动，因此，掌握了蒙古语和汉语。努尔哈赤极有野心，他一心想要统一女真部落，与大明对抗。长大后，他组建了一支队伍，先后占领了尼堪外兰的图伦城，而后，努尔哈赤又打败了建州女真内部其他有实力的部落。

后来，努尔哈赤的势力越来越大，还联合女真的其他部落，不断向外扩张。在对待明朝方面，努尔哈赤一边做好攻打的准备，一边假装恭顺。叶赫部是女真各部落里面实力最强的部族，努尔哈赤用滚木礌石来对付这个部落。最后，他打败了叶赫部的军队，完成了对女真各部的统一。

女真统一之后，努尔哈赤制定了各项制度和法律，并创造了属于女真自己的文字。对明朝的态度，女真依然十分恭顺。

公元 1616 年，努尔哈赤建立后金。两年后，他向明朝宣战，从此，他的政权争夺之战开始了。

萨尔浒明军战败

公元 1616 年，努尔哈赤建立了后金政权。1644 年多尔衮（gǔn）率军入关，大败李自成农民军。其间，战争无数。1618 年，努尔哈赤用计谋，内呼外应，攻下了抚顺。明朝政府得知这一消息之后，朝野大震。

辽东地区是军事战略要塞，战事不断。但是，贪图享乐的明神宗却将太监派到此处搜刮民脂民膏。对朝廷上忠臣的谏言毫不理会，对朝政也不闻不问，朝局十分动荡。

抚顺沦陷后，明神宗大怒，派军队围剿后金军队。进攻辽东地区的明军首领是杨镐（hào），他曾在抗倭战争中指挥失败。这次，他将大军分为四路，最终目标就是攻下努尔哈赤的老巢。但是努尔哈赤的军队掌握了他的策略，采取了应对措施，打败了明军。

明军主将杜松虽然战功赫赫，但是他刚愎（bì）自用，不听劝谏。在大军行进的时候，天降大雪，杜松不管恶劣的天气，执意要行军。在路上，一些士兵不战而亡。虽然打了几场胜仗，但是大部分军队都已经精神匮乏，无力前进了。杜松将军队带到萨尔浒（今辽宁抚顺东），却遇到了努尔哈赤的主力军。此时，杜松又将军队兵分两路，显然这种做法是不妥的，军队力量已经减弱了，却还要将军队力量分散，很多将士都十分不满。

努尔哈赤见到此种情景十分高兴，于是在附近做了埋伏。明军遭到伏击，仓皇逃跑了。努尔哈赤将全部兵力都用来攻打萨尔浒。最后，明军无力抵抗，以失败告终，杜松也战死了。马林军当时离萨尔浒不到四十里，竟没有胆量前去支援，后来，其也被努尔哈赤的军队消灭了，但是马林却得以死里逃生。

东路军首领刘綎（ting）是一员猛将，可以在马上挥舞刀剑杀敌。刘将军虽然所经之路荆棘丛生，但是却能够勇往直前。他不知道杜松已经大败的消息，仍然前进，不料和努尔哈赤打了一个遭遇战。明军虽然勇猛，但是却受到了战略地势的限制，很多将士都阵亡了。萨尔浒之战是努尔哈赤以少胜多的典型战役，此战过后，明对后金只能取守势。

徐光启译《几何原本》

明朝万历年间，北方的女真势力大增，一些读书人纷纷研究对策，其中一个比较著名的读书人就是徐光启。

徐光启出生在上海，虽然没有亲身经历倭寇带来的祸乱，但是却看到了江南民众所受到的骚扰。徐光启从小就认真读书，不仅可以将理论和实际相结合，还能够自己下地种田。1604年中进士，后担任翰林院庶吉士。

徐光启后来结识了传教士利玛窦，并拜他为师。因此，学到了很多先进的技术。徐光启加强了对数学的研究，这也促进了其他学科的发展。有一天，利玛窦向徐光启推荐了一本外文几何名著，徐光启读过之后觉得很好，二人商定要将这本书翻译成中文。于是，二人每天都忙于翻译名著。经过一年多的时间，二人将这本书翻译完成，并重新命名为《几何原本》。全书共有六卷，其中包含很多数学的概念。

徐光启在研究学问的时候，不只将视野放在书本上，还常常将理论和实际结合。曾经在对一本关于植物栽培的著作进行研究的时候，他真的去种这种植物，观察植物的生长趋势。在研究学问之余，徐光启还忧心国家的军事。他曾亲自练兵，负责制造火器，成功地击退后金的进攻。后来，徐光启回到老家上海，对农业科学进行了深入研究，编写出了《农政全书》。在徐光启去世的时候，箱子中仅有一两银子和几件破衣服，他的一生都用在了学术研究上。

魏忠贤残害忠良

明神宗后期，政治日益腐败，社会矛盾激化，江南的一些百姓饱受摧残。一些读书人怒火中烧，立志要肩负起祖国兴旺的义务。

顾宪成是个读书人，由于批评当时的朝政被革职。回到家中后，顾宪成修缮了书院，从事教育。杨时曾经在这座书院中讲学。后来，顾宪成联系了很多志同道合的友人来讲学。他们在这里讽议朝政，评论人物，得到部分士大夫的支持。

明神宗为了满足自己的私欲，任命宦官为石广监和税使，到各地搜刮开矿和抽税的所得，以此来供自己挥霍。有个大臣叫李三才，他将明神宗加收矿税可能带来的负面影响进行了分析，并且劝告皇帝不能这样做。但皇帝对他的上疏不理不睬。

公元1620年，明神宗去世。矿监和税使等官职被撤销。明光宗朱常洛做了短短一个月的皇帝就死了。其儿子朱由校继位，就是明熹宗。明熹宗喜好吃喝玩乐，一度宠信魏忠贤。魏忠贤目不识丁，赌钱成瘾，输掉了自己，于是就做了太监。魏忠贤善于溜须拍马，也因此受到了熹宗的赏识。后来，魏忠贤手中掌握了大权，甚至控制了朝政。于是，东林派官员骂他和他的党羽为阉党。阉党迫害朝臣，使得朝政混乱，民不聊生，东林派官员对其恨之入骨，与其展开了激烈的斗争。一些言官罗列了阉党的很多罪行，在朝堂上弹劾魏忠贤。于是，魏忠贤就找到东林派官员的毛病来进行反击。他动作频繁，实施了多次大围剿，其中规模最大的一次是"六君子之狱"。魏忠贤抓住了"六君子"，逼迫他们承认根本就没有犯下的罪行。这六个人在牢狱中受到了世间罕见的虐待，被迫害致死。

后来，史可法在朝中做了官，为六君子申了冤。直到明思宗继位，撤了魏忠贤的职，东林派官员才重新得到重用。

宁远大捷

明朝末期，朝廷内部混乱不堪，宦官和东林派官员之间斗争激烈。君臣之间也有矛盾。努尔哈赤在辽东的战争多次告捷，攻下太原又取了铁岭。公元 1621 年，后金攻下了沈阳，将辽阳作为下一个攻取目标。攻下辽阳，后金必然会实力大增。

明军在辽阳城墙的周围修建了壕沟，将河水注入其中，然后又安放了火炮。尽管准备周全，依然没有阻止努尔哈赤军队的进攻。在两军激战的时候，奸细在城中放了一把火，明军陷入混乱中。辽阳的很多官员都战死了，辽河以东的部分再也不属于明朝。

辽阳南面没有广宁卫（今辽宁北镇），是重要的军事和政治中心。明熹宗任用老将熊廷弼（bì）负责军事方面的管理。同时，又任命王化贞为巡抚，两人意见不和使得军事指挥行动受到了限制。努尔哈赤渡过辽河，明军很难抵抗。后来，这两个统帅都被抓入大牢，一一被处死，自此，辽东地区的明朝势力几乎全被清扫，北京城的安全受到严重的威胁。

明熹宗在万分紧急的情况下召集大臣们商议对策。但是基本上没有一个人能够提出建议，只有一个名叫袁崇焕的将士，他胸有成竹地对皇帝说："如果给我一些军队和粮食，我就可以保卫京师。"

袁崇焕是进士出身，有勇有谋，忠心爱国。对辽东的形式非常关心，而且也十分了解。经过明熹宗的批准，袁崇焕被派去监军。袁崇焕不畏虎狼，连夜赶路。一路上，袁崇焕安置难民，修筑工事。将士们看到这些之后，都非常佩服他。袁崇焕进驻宁远，立即制造了各种火器，不断练兵，做好了宁远地区的防守工作。在孙承宗的支持下，形成了一道坚固的防线。

但是，不久之后，孙承宗遭到了魏忠贤的破害，辞去了官职。魏忠贤还派兵去干涉辽东的军事形势，看到此种情况，很多大臣都希望撤兵。只有袁崇焕反对逃跑。努尔哈赤看到这种情况，觉得时机已经到了，就派兵直扑宁远城。袁崇焕坚守宁远城，和后金军鏖（áo）战（激烈的战斗，苦战）多日，这次战役，努尔哈赤惨败，不久后就去世了。这就是历史上著名的宁远大捷。

皇太极巧施离间计

皇太极继位后，不断休整军队。袁崇焕多次派遣使者来吊唁（yàn）努尔哈赤，并且试探皇太极的意思。他了解到皇太极并不是要罢兵，而是在为下一次的大战做准备。

袁崇焕做好了防御工事，第二年，皇太极就向明军发动攻击，并且亲自率兵，进攻大凌河。袁崇焕领兵驻守在宁远城，不料皇太极的军队已经压境。于是急忙派遣大将满桂和尤世禄等出城迎战后金军队。后金军队伤亡惨重，最终也没有攻下宁远城。于是，皇太极就转回继续攻打锦州，结果也没有攻下来。这两次战役被称为"宁锦之战"。

袁崇焕在战场打了胜仗，但是，魏忠贤却在朝中冒领军功，获得赏赐。皇帝责怪袁崇焕没有出兵迎战，于是袁崇焕辞官回乡。公元1627年，明熹宗去世，朱由检继位，年号崇祯。他是一个勤于政事的皇帝，立志救明朝于水火。

崇祯皇帝刚登基，魏忠贤等人就受到了打击，并被充军。于是，朝中的大臣们恳求崇祯帝重用袁崇焕。崇祯皇帝对袁崇焕也寄予厚望。不但任命他为兵部尚书，而且还让他治理全国大部分地区的军务。袁崇焕经常和皇帝讨论国家的军事，崇祯帝称赞袁崇焕的领军能力，因此赐给他一柄尚方宝剑。袁崇焕回到宁远之后，重新整顿军队，并且加强了军队的训练，使得士气大振。

皇太极野心很大，他最终的目的是要统治全国。袁崇焕成为了最大阻力。公元1629年，皇太极率领十万大军进攻北京。袁崇焕在万分危急的情况下，亲自率兵抵抗。但是，很多朝廷官员却谣传袁崇焕和皇太极之间有勾结。因此，崇祯皇帝对袁崇焕起了疑心。袁崇焕率军击退后金军队之后，被送到了监狱中。在此期间，很多人还诬陷袁崇焕勾结敌人，对朝政有威胁。后金也乘机施反间计，说后金与袁崇焕早有秘密约定。于是，崇祯皇帝将袁崇焕处死了。

皇太极知道后非常高兴，之后的军事活动再也没有人能够阻止。1636年，皇太极将国号改为清。

皇太极劝降洪承畴

洪承畴是明朝的一名大将，本是进士出身，在抗敌的过程中立下很多战功，表现十分出色。不仅如此，洪承畴还具有较高的政治才能和军事才能，因此，受到皇帝的赏识。公元 1641 年，皇太极领兵包围锦州城，边关告急。于是，崇祯皇帝命洪承畴为总督，带兵迎战。

洪承畴从宁远出发，且守且战。他准备好了粮草，打算和清军打持久战。这时，洪承畴被朝中的奸臣诬陷，因浪费国家财产和粮食受到皇帝的猜忌。于是，崇祯皇帝就派张若麒作为监军前去督战。洪承畴压力重大，只得进兵锦州，进行决战。大战刚开始，清军屡战屡败，皇太极派重兵支援前方，自己去切断明军的后路。在路上设下了很多埋伏。洪承畴率领的军队遭遇了埋伏，被困在松山上。另外一方面，粮草断绝给军队带来了很大的危机。洪承畴和明朝的其他将士也失去了联系，锦州的大战没有人指挥，最终兵败。

洪承畴被困在了松山上，半年之后，粮草断绝，处境十分危急。后来，松山的守将和清朝军队秘密配合，洪承畴被俘。当时，皇太极的野心很大，想要定鼎中原。他急需一个有勇有谋的领路人，于是就极力劝降洪承畴。但是，洪承畴却不为所动，视死如归。

一天，一个大臣又来劝降，房梁上有一些灰尘落到了洪承畴的衣服上，于是，洪小心地将灰尘掸下。看到此，大臣断定洪承畴是个爱惜生命的人，因为他对一件衣服都十分爱惜。于是，皇太极亲自去劝降洪承畴，并且在寒冷的冬日将自己的衣服穿在洪承畴的身上。就这样，洪承畴终于答应归降皇太极。

这一情况崇祯皇帝还不知晓，认为洪承畴已经绝食而死。于是，在万分悲痛的情况下，停朝三天。在京城内外都设立祠堂以表纪念。后来，洪承畴和多尔衮入关，大举攻城略地，为清朝取得政权倾尽全力，他也成为了清朝建立的领路人。

徐霞客畅游四海

　　徐霞客是南直隶江阴人，名弘祖，字振之，号霞客，他出生在一个比较富裕的家庭。徐霞客是一个饱读诗书的人，因明末政治黑暗而不愿做官，专心游历名山大川。

　　徐霞客读了许多奇书，并立志要游历五岳（衡山、恒山、嵩山、泰山、华山）等名山大川。徐霞客的母亲也非常支持徐霞客的想法，并鼓励徐霞客去实现自己的目标。

　　徐霞客在二十二岁的时候开始了他的第一次出游，他这次去的是太湖。两年之后他又去了很多地方，登泰山，拜孔林，游览了孟母三迁的遗址。此后徐霞客的足迹遍布了山东、山西、河南、河北、安徽、江西、浙江、江苏、湖南、湖北、广东、福建、云南、贵州和四川。

　　徐霞客在游览名山大川的同时，还有意识地对这些名山大川的地理位置、水文、地质地貌做考察，并把这些宝贵资料记录了下来。

　　在游历中徐霞客有惊人的毅力，他不怕苦，不怕累，不怕艰难险阻。只要他听说哪里有奇山险峰，就一定要去考察。在攀爬大山时，他有时像猿猴，有时像游蛇，动作非常迅捷，因此大家都叫他"地行仙人"。安徽黄山的天都峰与莲花峰非常雄伟，但天都峰比较陡峭，不利于攀爬，而莲花峰比较平坦，徐霞客说："越险峻，越奇特，就越要爬。"于是，徐霞客选择了先爬天都峰。在攀爬完莲花峰之后，徐霞客发现天都峰并不像人们说的是最高峰，莲花峰要高于天都峰。

在旅途中徐霞客经常用自己的经验来解释一些奇异的自然现象。广西浔州龙洞的洞底有一个大而深的水潭，夜晚水面上总有微光闪烁，道人说是鬼怪作怪。徐霞客则说是洞旁有孔穴透光所致。

徐霞客路程最远、时间最长的一次游历是在公元 1636 年，他去了我国的西南地区，最远到达了腾冲。

徐霞客在游历时对各地的地理、地质、植被的习性做了详细的记载，这对我国以后的考察做出了巨大的贡献。

宋应星编《天工开物》

公元 1587 年，宋应星出生在江西奉新。他的祖辈都是做官的，到了他父亲这辈家道中落，但依然保留着书香门第的气息。宋应星中过举人，也曾做官，1644 年弃官归乡。

宋应星从小就聪明，特别对生活中的事物感兴趣。大部分读书人只知道书本上的理论知识，很少有人能够将理论与实践相结合。宋应星对死读书不感兴趣，他还批判只知道背死书、故作清高的人。这些人把老百姓当成下等人看待，却吃着百姓辛苦种植的粮食。他认为真正的财富不在于金钱多少，而在于物质生产水平的高低。物质生产水平提高了，百姓就会富有，国家也就富有了。

只要是有利于生产的东西都会引起宋应星的兴趣，他去过炼铁作坊，去过造纸作坊。有时他会把他感觉有用的工艺流程画下来，以便让更多的人了解这些知识。他多次往返于南方与北方，走访过很多农村手工作坊，并把矿山、冶炼、染织和兵器制造的知识记录下来。他在江西分宜做教谕的时候，用大量时间做学问。他拜访了那里养蚕、纺织业的匠师们，并向他们请教生产细节，把这些生产流程画下来。

他整理了前人留下来的文献，并把这些学问分门别类地进行整理。

公元 1636 年，他的书编著成功了，并在第二年正式出版。他将这本书命名为"天工开物"，"天工"的意思是自然界给予人类的物质，"开物"的意思是人们将这些物质用于生活。

《天工开物》共三编，附大量插图，其中详细记述了中国古代农业和手工业的生产技术及经验，包括养蚕缫丝、食品加工、制造砖瓦、建造舟车、五金开采、珠玉采琢等。此书被誉为 17 世纪中国科学技术的百科全书，被翻译成日、英、法、德等多种文字流传全世界。宋应星被誉为中国明代最杰出的科学与技术专家。

李闯王叛乱

崇祯帝在位期间，明朝已经成了强弩之末（比喻起初很强后来变得很微弱的力量），后金的军队不断进攻，国内的灾荒也日益严重。政府官员不但不救济灾民反而压迫百姓，造成了各地农民进行大规模起义的局面。

陕西米脂双泉里有一个叫李自成的青年农民，他身材魁梧，臂力过人，小时候给地主家放过羊，长大后到驿站养过马，这样的经历使得他善于骑射，同时他为人义气。他因替人打抱不平，被官府抓了起来，后被穷兄弟们救出来。

高迎祥号称闯王，是陕西各路起义军中规模最大的，李自成带领农民军加入了高迎祥的队伍。朝廷派出卢象昇和陈奇瑜率领大军来围剿农民军，使农民军陷入了非常被动的局面。

这时，李自成买通了陈奇瑜的部将，谎称要解散农民军，回家种地，然后趁陈奇瑜不备率领农民军杀出了重围。崇祯皇帝得知此事后，撤了陈奇瑜的职，继续派大军围剿农民军。此时，各路农民起义军的首领都不知该怎么应对。李自成站起来说："无论战斗到何时，都要一直坚持下去，现在最好的办法就是兵分多路，分别进攻，这样会达到意想不到的效果。"各路头领都赞成李自成的主意。

起义军兵分六路分别出击，农民军势如破竹，打到了凤阳城，一把火烧了明太祖父母的陵寝。明朝廷派出洪承畴、孙传庭围剿农民军，高迎祥在撤兵回陕西的时候中了朝廷军队的埋伏被俘，最终被押解到京城处死了，李自成被推选为新的闯王。

公元 1638 年，李自成也中了陷阱，农民军几乎全军覆灭。李自成逃到商洛山躲了起来。公元 1640 年，经过几年的休养生息，李自成带领军队杀向河南，一路上投奔的人有很多，其中有一个叫李岩的青年，对李自成的起义军建设做出了极大的贡献。此后，李自成提出"剿兵安民"的口号，开始建设农民军的政权。

崇祯皇帝测字

崇祯年间，李自成率领的"义军"逼近京城。得知此消息，崇祯皇帝十分惶恐，坐立不安，他带着一个贴身太监，穿上平常衣服，从东华门出去，一路向南走。突然崇祯皇帝猛地一回身，看到一个测字先生摆小摊测字。于是，崇祯皇帝想：处境如此艰难，在这个危难的时刻，何不测一下。于是，他就决定问问天意，便对测字先生说了一个"有"字。这个测字先生就小声地对他说："这个'有'字上面是'大'缺了一笔，下面是'明'缺了半边。这就是说大明江山已经没了一半了。"听后，崇祯皇帝连忙改口说："先生误会了，我说的是'朋友'的'友'。"可是，测字先生道："'友'字是'反'字出头，恐怕造反的人要得天下呀。"

崇祯皇帝听到之后十分慌张，急忙又改口说："我说的是'申酉戌亥'中的'酉'。请先生重新测。"测字先生稍微思考了一会，惊慌失措，连忙收拾东西要回家。崇祯皇帝见测字先生如此慌张便拦住了他，经过再三挽留，才留住测字先生，并问他收拾东西回家的原因。测字先生见此人如此执着，就凑到崇祯皇帝的耳边，小声地对他说："如果我告诉你，你不能告诉别人，这件事只有你我知道，万万不可让别人知道啊。"崇祯皇帝非常不解，但是也答应了。测字先生说："这件事要是传出去必然会遭杀身之祸呀。现如今，至尊就是天子，而'酉'字就是尊字去了头，丢了根基。从字面上可以看出，至尊离驾崩不太远喽。"

测字先生说完之后，还嘱咐崇祯皇帝不能和别人提起今日测字之事。崇祯皇帝听到之后，吓得脸色惨白，急忙告辞回到宫中。

这就是崇祯皇帝测字的故事，或许崇祯皇帝比较迷信，或许这个测字先生是有人故意买通这样说的，但都无从考证了。

少年英才吴三桂

　　吴三桂出生在辽东的一个军官家庭，其父亲叫吴襄。因为吴三桂的父亲是一名军人，又中过武进士，因此，吴三桂很小的时候就受到父亲的影响，比较喜欢骑射和舞刀弄枪。他经常剑不离手，身不离鞍，练出了一身过硬的功夫。

　　吴三桂十六七岁时进京应试，中了武举人。一天，父亲吴襄带领军队出去侦察敌军的情况，不料和后金的骑兵相遇。后金的骑兵看到吴襄只带了很少的兵马，于是围而不攻，想借此逼迫他投降。援兵将领祖大寿看到后金的兵马较多，吓得不敢出兵营救。而吴襄兵马较少，只能坐以待毙。

　　这时，年少的吴三桂看到父亲被后金兵马困住，万分着急。于是就向祖大寿请战，没想到祖大寿根本不允许。在危急关头，吴三桂带领自己的二十个家丁前去救父亲。吴三桂亲自提刀上马，作为先锋，他的两边各置一个家丁，剩下的十八个人分别为两翼。这支仅有二十一人的队伍直接冲入了包围圈。后金兵看到这支队伍冲过来惊慌失措，一时间束手无策。此时，吴三桂拉起了弓箭，射中一个后金将领，使他从马背上跌落下来。吴三桂勇敢地走上前去，准备割去这个后金将领的头颅。没想到这个将领竟然弹坐起来，用刀刺中了吴三桂的鼻梁。这时，吴三桂顾不上鼻子流血，快速将这个后金将领的首级砍下，然后和父亲并肩作战，率领众将士突出重围。

后金的将领以为吴三桂使用的是诱敌深入的战术，而大部队埋伏在某处，于是就没有追击吴三桂父子。吴三桂孤身救父的故事一时间被传开，成为一段佳话，他也因此升了官。吴三桂当时还不到二十岁，但已经是才能和胆识过人的将领了。

不久，吴三桂升任宁远总兵，封平西伯，驻防山海关。和其他将领相比，吴三桂的仕途可谓是顺风顺水，晋升速度极快。

"大西王"张献忠

就在李自成与明军大战之时，张献忠也把明朝军队打得落花流水。张献忠是陕西延安人，出生在穷苦人家，曾经在明军中当过兵。他起义的时间与李自成起义的时间差不多，自号"八大王"。

张献忠是王自用三十六营中一个营的首领，他曾与高迎祥一起进军江淮地区，攻占凤阳，烧掉了明太祖祖先的陵墓，张献忠在与明军作战过程中，打过胜仗，也打过败仗，后来遭到了明朝兵部尚书熊文灿率领的六省兵力的围剿。由于明军兵力过于强大，张献忠为了保存实力，假意投降熊文灿，其实他厉兵秣马，刻苦训练士兵，一直在为下一次起义做准备。

公元 1639 年，张献忠再次举起推翻明朝统治的大旗。熊文灿也因为作战失败被崇祯皇帝治了罪。这次朝廷委派杨嗣昌来督军。杨嗣昌坐镇襄阳，统率十万大军，采用"十面拉网"的战术，要把农民军包围起来，进而一网打尽。张献忠采用声东击西的策略，时而向东进攻，时而向西挺进，使得明朝军队掌握不了农民军的具体位置。后来张献忠因被内奸出卖，中了明军的圈套，损失惨重。

　　张献忠突围成功后，带领农民军杀向四川。杨嗣昌也紧追张献忠来到了重庆，并在重庆坐镇指挥，一心要把张献忠消灭掉。杨嗣昌贴出告示："活捉张献忠，赏黄金万两，封侯爵。"张献忠在四川境内四处进攻，攻占县城，杀掉贪官。他从来不与明军正面作战，每次都巧妙地躲开明军的大部队。

　　公元1641年，明军大将刘士杰得知张献忠在黄陵城，就率领军队打了过来，然而却中了张献忠的埋伏，全军覆没。等杨嗣昌得知张献忠一路杀向襄阳的时候，他马上派人到襄阳报信，但是报信的人却被农民军捉到。农民军派自己人混进襄阳，为进攻襄阳做准备。农民军攻进襄阳后，得到了杨嗣昌的所有粮草，而且还杀掉了襄王，张献忠把襄王王府的金银财宝分给穷人。杨嗣昌在得知襄王被杀后，又恨又急又怕，也吃不下饭，三天后自杀了。

　　公元1643年，张献忠攻占武昌，活捉楚王朱华奎。次年，在武昌建立了农民政权，称武昌为京城，年号大顺，严厉镇压地主阶级的反抗。

卢象昇巨鹿就义

卢象昇（shēng）出生在江南常州（今属江苏），从小就立志报国，他有着惊人的毅力，不但研究兵法，而且能骑善射，每次打仗都冲在最前面。他很爱惜自己的部下，所有士兵都非常爱戴他。

明军在中原与李自成、张献忠厮杀激烈之时，后金的军队也开始进攻明朝边境地区。公元1634年，皇太极领兵从山西的关口杀进内地，两年后清军攻占昌平，杀向北京城。

公元1638年，多尔衮率领清军进攻北京，崇祯帝紧急下令将卢象昇调回北京，并让他督率各路前来支援的军队。朝廷对于这次清军的进攻，有两种意见，崇祯帝一面从各处调派援军，一面让兵部尚书杨嗣昌与宦官高起潜主张与清军讲和，卢象昇则主张作战。他刚到北京就坦率地和崇祯帝说："臣主张坚决抵抗，国家生我养我，我要用死来报答国家，宁可战死沙场，也不议和。"于是崇祯帝多次赐给卢象昇马匹、黄金，慰问军队。

可是，崇祯帝还是重用杨嗣昌，所以卢象昇做的军事准备都遭到杨嗣昌的阻挠。杨嗣昌利用职权只给卢象昇名义上的军队指挥权，其实卢象昇能指挥的只有五千人。南下的清军势如破竹，卢象昇只好率领五千人前去迎敌。军队驻扎在野外，没有粮草，当地的百姓带着被清军多次搜刮后剩下的粮食，给军队送来了。全体将士被感动得热泪盈眶。

明军在巨鹿贾庄的清水桥与清军遭遇，卢象昇多次派人催驻扎在离贾庄不到五十里的高起潜大军前来支援。但是高起潜却一直不发兵。卢象昇兵分三路迎敌，几万清军骑兵将卢象昇的军队围了三层，明军将士舍命拼杀，喊声震天。卢象昇，左砍右劈，砍杀几十名清军，最后身中四箭三刀，倒在血泊之中死了。

崇祯皇帝吊死煤山

清军驻扎在山海关外时刻准备进攻，而中原起义军的进攻势头也越来越猛烈。公元1643年，闯王李自成在襄阳建立了自己的政权，自称"新顺王"，并且李自成率领农民军攻占了西安，恢复西安的古名长安，并定为都城，次年正月，建立大顺政权。

李自成的最终目标是打到北京，推翻明朝的统治，次年正月，建立全国性的政权。为了打探明朝的虚实，李自成派遣自己的亲信乔装打扮，混入京城的衙门当差。在打探过程中，李自成的亲信也会碰到明朝官府派出的间谍，他们便用假情报换取真情报，以此来得知明朝的动向。

公元1644年，李自成兵分两路攻打北京城，渡过黄河之后，受到李自成伏击的明朝军队不战而降。见到此种情况，百姓十分拥护李自成。崇祯皇帝则在朝堂上唉声叹气，为了安慰崇祯皇帝，大臣李建泰把自己的财产捐献给朝廷做军饷。

崇祯皇帝自以为遇到了救星，重用他，并命他带领军队出征，没想到李建泰却辜负了崇祯皇帝的期望，很多财产都落到了农民军的手中。

崇祯皇帝见此情景，求助王公大臣和皇亲国戚，希望征集到一些军饷，但是却没有人响应。崇祯皇帝将部分军权交予太监，没想到这些太监却借此作威作福，最终群臣激愤。最后崇祯皇帝成为了孤家寡人，没有人再站在他这一边。

李自成的军队很快打进了北京城，崇祯皇帝派人防守，却发现只剩下老弱残兵，几天后守城太监竟然打开了城门，李自成的军队顺利地进入了紫禁城。

崇祯皇帝得知农民军进城，各个大臣弃自己而去，想暂时躲避一下都没有他的容身之地。于是他回到宫中，逼迫皇后上吊，砍断了公主的手臂，然后来到了煤山（又名万岁山、景山）下自杀了。

崇祯帝虽有雄心壮志，却急功近利不能容忍大臣犯一丁点错误，近宦官远贤臣，最终落得了悲惨的结局。崇祯皇帝煤山自尽，标志着统治中国 277 年的明王朝灭亡。

清王朝

少年皇帝福临

皇太极于公元 1643 年驾崩，随即睿亲王多尔衮（太宗之弟）和皇长子豪格（太宗长子）之间展开了激烈的皇位继承之争。

皇长子豪格身经百战，手握军权，索尼、图赖、鳌拜和郑亲王济尔哈朗都支持立豪格为君。多尔衮也有两白旗和众多手握兵权的兄弟的支持。双方都手握重兵，互相争夺又彼此忌惮，形成了互相牵制的局面。经历一番风波，双方最终商谈决定，遵循长子继承皇位的传统，可是豪格却说自己难当重任。于是福临成为皇位继承人，多尔衮和郑亲王辅政。

年仅六岁的福临继承了皇位，次年改元顺治，他也是首位入主中原的满洲皇帝，被人们称为"顺治帝"。福临刚刚登基时没有任何实权，军事大权全部掌握在多尔衮等人手里，他也要每天向多尔衮问安。

顺治七年，多尔衮出塞狩猎，在途中病故，福临如释重负，得以提前亲政，对多尔衮实施了消除尊号、罢撤庙享谥（shì，君主时代帝王、贵族、大臣等死后，依其生前事迹所给予的称号）号、籍没家财等身后惩处。为加强皇权，他废除了诸王贝勒管理各部事务的旧例，又命令停止圈地，放宽逃人法（清初严禁八旗户下奴仆逃亡的法令），采取了一系列缓和民族矛盾的措施。同年八月，太后和郑亲王逼迫他立蒙古亲王吴克善之女博尔济吉特氏为皇后，福临对此事虽然不满意，但是不得不遵从。

尽管福临颁布了很多有利于生产的政策，但是国库依然空虚。福临听取了礼部的建议，规定皇帝一月三朝，春秋两季各举行一次经筵，设置宗人府官员，规定一切礼制，这才使得财政紧张的局面得以缓解。

福临加强了对官员的控制，不许结党结社，不许太监干政。他严禁私交、私宴，认为如此行事便可以永绝朋党的根源。福临于顺治十一年设十三衙门专门管理太监，如有内外勾结的情况，一经证实立刻惩处。福临的英明之举，安定了民心。

此外，福临还处理了与周边藩属国和沙皇俄国的关系。

顺治十八年，年仅24岁的福临英年早逝，其中原因也众说纷纭。

吴三桂引清军入关

李自成的大顺军攻进北京城，标志着明朝的统治被推翻。大顺军刚刚进入北京城时，百姓都很高兴，因为李自成没有破坏北京城内百姓的生活。李自成进城后，快速地向各个地方派出大臣去管理当地，同时派兵剿杀残余的明军。

李自成明知道山海关外的清军对自己是一个很大的威胁，但是他忙于自己登基做皇帝，暂时忽略了这个潜在的敌人，并且也放松了对军队纪律的管理，大顺军的将领开始大肆搜刮钱财，并开始使用严刑酷法，抢占明朝官员的住所，并霸占这些明朝官员的家眷，这使得大顺军军心涣散，毫无斗志，过起了骄奢淫逸的生活。大顺军抄了吴三桂在北京的家，并且拷打其父亲，霸占其爱妾。

李自成意识到镇守山海关的明朝将领吴三桂是一个重大的威胁，于是派人去劝降吴三桂，吴三桂考虑到北京家人的安危，准备暂时归顺李自成。但得知自己家人的遭遇后，他十分痛恨李自成。吴三桂在分析了天下的情势后，做出了打开山海关引清军入关的决定。就这样吴三桂写信给清军统帅多尔衮并提出了自己的要求，多尔衮当即答应了吴三桂的要求，于是吴三桂出山海关亲自迎接清军入关，与清军统帅多尔衮杀白马结盟。

当得知吴三桂与多尔衮联合时，李自成才真正意识到危险的降临，于是亲自率领大顺军去征讨吴三桂与多尔衮。李自成率领的大顺军与吴三桂率领的明军正面遭遇，双方的军队一字排开，声势震天。吴三桂以为明朝报仇的名义带领明军杀向李自成。吴三桂的军队与大顺军正面拼杀在一起，随后多尔衮率领的清军从后面包围大顺军，大顺军不敌吴三桂的明军和多尔衮的清军。

李自成征讨失败后，决定撤到陕西老家。在撤退的途中，原来已经归顺大顺军的明军士兵背叛李自成，归顺了清军。由于清军不断地对李自成进行围剿，李自成在撤退途中战死在湖北通山九宫山。至此李自成率领的农民起义彻底失败了。

史可法坚守扬州

崇祯皇帝自尽的消息很快传到了南京，南京的大臣分成两派，一派以史可法为代表，正直爱国；另一派以马士英为代表。史可法拥朱由崧（sōng）为皇帝，史称弘光帝。史可法加入东阁大学士，八阁参政。

朱由崧继位后只顾着建造宫殿，荒淫作乐，没有丝毫进取之心。史可法多次劝谏弘光帝，但弘光帝却丝毫没有听进去。马士英则在背地里结党营私，总揽大权，收受财物。马士英等不愿史可法当国，以督师为名，使守扬州。到了长江北岸之后，史可法发现战争情况十分复杂，长江北岸驻扎着四镇军队，首领飞扬跋扈残害百姓。史可法悉心劝导，才使江北的局面得以稳定。史可法做指挥官期间，军队纪律严明，深受将士爱戴。吃饭的时候，史可法将肉分给将士们，自己只剩下粗茶淡饭，将士们都很心疼他。为了让史可法多休息一会儿，打更的更夫故意在天已大亮的时候才打四更鼓。

公元 1645 年，清军大举南下。史可法带领将士们进行抗击，打了多次胜仗。就在此时，南明的政权却发生了变动，内乱不断。因此，史可法等人只得带兵回南京。但是，在路上将官左良玉却战死。清军已经大举进攻南京。史可法军队又急忙赶回去支援，一场和清军的战争马上打响。

史可法的军队只有一万人，却要对抗十万左右的清军，形势万分危急。但史可法抵抗清军的决心已定，他在战场上留下了给母亲和妻子的遗书，表示愿与扬州城共存亡。清军多次派使者前来讲和，都被史可法拒绝了。但是，史可法军中出现了内奸，使得守城势力不断溃败。最后，清军用大炮炸开了城门一角。史可法看到此种情景万分悲痛，欲拔剑自杀，被随从救下。史可法在逃跑的时候遇到了清军，不幸被俘，但是史可法死也不愿意投降。

公元 1645 年，史可法惨遭杀害。

忠直英勇夏完淳

朱由崧的政权被推翻，松江（今上海松江）名望很高的读书人夏允彝（yí）为此写了一篇祭文。后来他与陈子龙，还有吴淞总兵吴志葵一起参加反清复明的起义。

夏允彝有一个非常聪明的儿子叫夏完淳（chún）。夏完淳五岁的时候就能读懂经使，七岁的时候就能作诗文，在江南一带是出了名的神童。

夏允彝坚决不做清朝的官，在父亲的影响下，夏完淳也立志反清复明。清朝军队在扬州的暴行惹怒了江南一带的居民，夏允彝积极组织抗清的队伍，并派人叫吴志葵前来支援。

在进攻苏州的过程中，开始起义军进攻得很顺利，很快就攻进了苏州城。可是他们刚占领苏州城，就遭到城内清军的反扑，吴志葵的军队见到这种情形居然逃跑了。

夏允彝等人杀出了清军的包围后，夏允彝见救国无望，自己还是一个读书人，为了不拖累别人，就给夏完淳留下遗书，告诉他要坚决反清复明，之后就跳河自尽了。

后来夏完淳与陈子龙投奔了吴易领导的起义军。公元 1645 年，鲁王朱以海在绍兴宣布监国，夏完淳写奏折给鲁王，与绍兴的起义军一同作战。吴易被叛徒出卖，在一次战斗中被清军打败了。

不久以后，陈子龙也被清军抓获，夏完淳的奏折被清军截获，因此夏完淳被押到南京受审。审讯他的就是前明重臣洪承畴，洪承畴对夏完淳说："你一定是受他人蛊惑，现在你如果投靠大清，就可以做大官。"夏完淳装作不认识洪承畴，在大堂之上大声地说："我要像洪承畴大人一样，在与清军的战斗中战死沙场，决不向敌人投降。"旁边的士兵说，大堂之上的就是洪承畴，夏完淳冷哼道："这是哪里来的骗子，敢冒充明朝忠臣。"

洪承畴被骂得无言以对，半天才缓过来，最终，夏完淳因不屈服被杀。虽然夏完淳死了，但是其辱骂洪承畴的事情却传开了。

郑成功收复台湾

郑芝龙手握福建的军权，他本来是福建的大商人，后来被明朝收编，当了福建省的总兵。郑成功是郑芝龙的儿子，在日本出生，七岁回国，从小就聪明过人，喜欢军事，熟读兵法。

1646 年，清兵入福建，郑芝龙不但不出兵，而且还要投降清军。郑成功想劝阻父亲，可是郑芝龙一心想投降，结果他刚到清军大营就被软禁了。

隆武帝见郑成功忠心耿耿，就赐他国姓朱，号"国姓爷"。后来清朝军队前来围剿，郑成功的老家遭到清军屠戮，他的母亲也不甘受辱自杀。1659 年，与张煌言合兵，进入长江围攻南京，兵败退守厦门。

郑成功的军队纪律非常严明，他的堂叔在一次战斗中逃跑，同样被郑成功斩首示众。清军让郑成功的弟弟带着他父亲写的招降书去见他，说如果不投降就杀掉他的父亲。郑成功读完信，说忠孝不能两全，要坚决抗清到底。

公元 1659 年，郑成功联合其他明朝军队开始北伐，但在舟山遇到暴风，损失了一些战船。郑成功在公元 1660 年的第二次北伐中，中了圈套被清军打败。郑成功在东南沿海抗清连遇挫折，又与南明政权失去了联系，于是决定挥师渡海，向台湾转移。

台湾自古以来就是中国的领土，当时被荷兰人占领。在台湾做翻译的何斌献上了台湾的军事地图，还有台湾的水路走向图。这使郑成功进军台湾的信心大增。

公元1661年，郑成功率领大军克服风浪，到达禾寮港。港外有两条航道，一条宽敞好行船，但却被堵塞。另外一条水面窄，大船无法进去，郑成功克服了重重困难，从荷兰人把守不严的窄航道通过，登上了陆地。郑成功击退了荷兰人的支援舰队，最终成功地收复了台湾。

公元1662年，郑成功在军营中接受荷兰人的投降，荷兰人在投降书上签字后率军离开了台湾。

郑成功在收复台湾后，积极组织开垦农田，为台湾的发展做出了重大的贡献。

李定国宁死不投降

　　明朝的隆武政权、鲁王政权都灭亡了之后，两广地区的桂王登基，自称永历帝。在永历帝的大臣当中，瞿（qú）式耜（sì）和何腾蛟主张坚持抗清，复兴明朝。

　　何腾蛟与瞿式耜多次击败了前来围剿的清军，但是永历政权中出现分歧，相互猜忌，最后，何腾蛟在与清军作战中被清军俘杀，瞿式耜在桂林被清军杀死。

　　瞿式耜死后，永历政权就完全依靠着李定国继续抗清。李定国是张献忠的义子，他能征善战，被张献忠封为安西将军。张献忠的另一个义子孙可望年纪最大。张献忠死后把军权交给了李定国与孙可望，孙可望嫉妒和排挤李定国，处处与李定国作对，而李定国为了抗清大业一再忍让。

　　李定国一面训练军队，一面培养大象军队。李定国的军队纪律严明，不惊扰沿途的百姓，深受百姓的欢迎。1652 年，李定国开始进攻桂林，镇守桂林的主帅是定南王孔有德。两军在严关交战，李定国利用大象军队把清军冲得四处乱窜，获得了战争的胜利，一举攻破了桂林城，孔有德自杀。

李定国占领桂林后，清朝派出尼堪率领十万大军前来围剿。两军在衡州（今湖南衡阳市）交战，清军进入了李定国事先设好的圈套，被李定国杀得片甲不存。李定国的军队所向披靡，这使孙可望更加嫉妒他，于是孙可望便陷害李定国，最终使得李定国不得不退往广西、云南。

孙可望在整理军队之后，居然带兵攻打李定国，但是到了交战的时候，孙可望的大部分将领都投靠了李定国。孙可望带着剩下的亲信投靠了清朝。

1656年，李定国迎永历帝到云南。永历帝之后逃往缅甸，为清军所俘，被吴三桂杀害于昆明。

公元1662年，李定国因病去世，他在遗言中说道："宁可死在荒郊野外，也不投降清军。"

康熙帝智擒鳌拜

康熙帝八岁登基，共有四位辅政大臣帮助其打理朝政，鳌（áo）拜就是其中之一。鳌拜手握兵权，他借助手中的权势横行霸道，打击、排挤和自己意见不同的大臣。对于参劾他的大臣，他总是想方设法将其处死。

也是四个辅政大臣之一的苏克萨哈对鳌拜的种种恶行十分看不惯。一次他们意见产生了分歧，互不相让，鳌拜怀恨在心，设计陷害苏克萨哈，并让康熙帝将其处死。康熙帝知道是鳌拜故意陷害的，不肯动手。鳌拜竟然在朝堂上撸起袖子，伸出胳膊，对康熙帝吼叫，并做出要打康熙帝的样子。康熙帝虽然生气，但他知道不能硬来，于是选择了隐忍，亲眼看着被冤枉的苏克萨哈被处死。康熙帝暗下决心一定要把鳌拜除掉。

为了让鳌拜减轻戒心，康熙帝选了一批十几岁的少年做他的随行侍卫，每天练习摔跤。这让鳌拜以为是一些孩子在打闹玩耍，没起疑心。但是康熙帝认为十多岁的少年如果好好训练，一样能够起到很大的作用。康熙帝让这些少年刻苦地练习摔跤，日复一日，在外人看来康熙帝是年少贪玩，可康熙帝是在做准备。

康熙帝感觉时机成熟了，就命鳌拜进宫。鳌拜看见这些少年根本没在意，还是悠然自在，大摇大摆地入了宫。鳌拜刚迈入宫门，宫门就被关死了，突然这群少年将他团团围住，有抓胳膊的，有抱腿的。鳌拜虽是武将出身但是不敌人多，被打倒在地，再也没机会起来。由于鳌拜是孤身一人进宫，没人帮他，最终被捕入狱。

鳌拜就这样被除掉了，宫中再也没有人独断专行，朝廷上下都十分高兴。康熙帝小小年纪，就因足智多谋、机智过人赢得了大臣的尊敬和佩服。

康熙帝亲政后，励精图治，整顿朝政，治理贪官，鼓励生产，清王朝逐渐强盛，"康乾盛世"也由此开始。

康熙帝平三藩之乱

　　由于吴三桂引清兵入关，顺治帝便奖赏了他，不仅封他做平西王，还让他镇守云南给了他许多特权，甚至可以任免云南的官员。久而久之吴三桂在云南形成割据势力。

　　公元1661年，康熙帝继位，鳌拜为辅政大臣，由于鳌拜立过战功，不将康熙帝放在眼里。康熙亲政后，鳌拜还把持朝政，康熙帝将鳌拜作为第一个要清除的对象。但朝中官员多是鳌拜的亲信，康熙帝借助与鳌拜摔跤的机会，将他抓了起来。紧接着，康熙帝列出了鳌拜的种种罪行，将他打入大牢。

　　平定三藩之乱是康熙帝亲政后所要做的第二件大事。"三藩"分别是平西王（吴三桂）、平南王（尚可喜）、靖南王（耿继茂）。他们原本是明朝的官员，后投降清朝受到赏赐，之后他们居功自傲，不肯服从朝廷指挥。久而久之，三藩也了解到朝廷对他们不太信任，于是想方设法去试探朝廷的态度。平南王请求告老还乡，康熙帝本想撤掉三藩，于是就应允了。见此情况，吴三桂也上奏请求撤藩，朝中大臣对是否撤藩争论不休。康熙帝觉得拖得越久，情况越严重，索性就下令撤藩。

原本吴三桂对康熙帝还抱有希望，见康熙帝这样决绝，就起兵造反了。平西王联合平南王与靖南王共同起兵，全国各地对清王朝不满的百姓都纷纷响应。康熙帝集中力量打击吴三桂，而对其他反叛势力实行招抚，分化他们的力量，这样一来朝廷有时间也有精力调兵遣将，阻挡吴三桂。双方军队曾在西北、西南、中南、华南等地交兵。由于实力相当，对峙的时间就很长。

公元1678年，吴三桂已有66岁高龄。他在衡州称帝，国号为大周。同年吴三桂病逝，其孙吴世璠继位。在此之后，清军占据了绝对优势。

公元1681年，清军攻下了云南昆明，三藩之乱被彻底平定。

雅克萨清军告捷

康熙帝亲政之初，并没有把太多的精力放在东北的防务上，这给了沙俄侵略者侵占黑龙江流域的机会，他们不仅向南侵占，还想长期盘踞在东北。

顺治年间，沙俄侵略者开始入侵我国，占领了黑龙江流域。他们在侵占的地区修建工事，抢掠财物。1650 年，沙俄侵略者在雅克萨建造了阿尔巴津城堡。清政府与沙俄交涉多次，都没有结果。

平定三藩之乱后，康熙帝开始着手收复黑龙江流域。康熙帝派人到黑龙江巡查边防，并探察沙俄军队的虚实。康熙二十四年（1685年）清政府派郎坦、彭春率领军队征讨沙俄侵略者。彭春率领三千将士攻打雅克萨，要求俄将托尔布津率军撤出中国领土，但遭到拒绝。清军日夜不间断地炮击雅克萨，杀死了大批侵略者。最终，托尔布津向清军投降，撤到尼布楚。

收回雅克萨之后，清军没有在此留下军队驻守。在清军班师回朝之后，不守承诺的托尔布津再次率领沙俄军队占领了雅克萨。

康熙帝得知沙俄侵略者又一次占领了雅克萨后十分生气，便再次派军队进行征讨。清军杀了托尔布津，把雅克萨团团围住，并且切断了雅克萨的水源。清军长期包围雅克萨，沙俄侵略者没有援军，坚持不下去了。于是沙俄政府出面与清政府进行谈判，沙俄政府答应撤出雅克萨，清军停止了征讨。

公元1689年，清政府开始与沙俄政府谈判，在黑龙江的尼布楚（今俄罗斯涅尔琴斯克）签订了《尼布楚条约》，条约中清政府与沙俄政府划分了中俄两国的东段边界。沙俄归还了之前所侵占的黑龙江流域土地。

在《尼布楚条约》签署之后，康熙帝开始重视东北地区的防务工作，下令在战略要地建筑防守工事，派兵驻扎在此，并制定边防巡逻的制度。在此之后的很长时间里，沙俄侵略者不敢对黑龙江流域有所觊觎，保障了东北地区的安定。

三战噶尔丹

清政府与沙俄政府签订了《尼布楚条约》，我国的东北恢复安定后，康熙帝便开始准备镇压噶尔丹的叛乱。噶尔丹受到沙俄的鼓动，进行大肆扩张。

噶尔丹率领军队开始进攻漠北蒙古，漠北蒙古的军队不敌噶尔丹的铁骑。于是，漠北蒙古的牧民纷纷逃到漠南蒙古避难，并向清廷求助。康熙帝派人告知噶尔丹，要求噶尔丹停止进攻其他部落，并退还漠北蒙古的土地和牛羊。噶尔丹非但不听，还向东杀来，企图攻占北京城。

公元 1690 年，康熙帝为严惩噶尔丹，亲自率军征讨噶尔丹。他兵分三路，左路由福全将军率领，右路由常宁将军率领。左路军队先与噶尔丹遭遇，打了败仗。康熙帝命令右路军队与左路军队会合，在乌兰布通与噶尔丹交战。

噶尔丹在一座大山下布下大阵，他用一万多匹骆驼把军队围了起来。士兵在骆驼后面发射火炮和弓箭。在大阵的两旁，一面是河流，另一面是树林，大阵看起来毫无破绽。康熙帝则利用火炮的优势，猛烈进攻驼阵的中部，把骆驼炸得血肉横飞，然后命令清军的骑兵进行冲锋，同时命令其他军队在后面拦截噶尔丹的叛军。噶尔丹假装投降，然后逃回了漠北。

逃回漠北的噶尔丹，在漠北再次招兵买马。康熙帝派人和他讲和，他非但没有同意，还杀死了前来送信的使者。

公元1696年，康熙帝开始第二次征讨噶尔丹，这次出征康熙帝遇到了很多困难。由于出征多日没有见到噶尔丹的军队，清军的粮草开始出现问题，但是康熙帝与将士们同甘共苦。

清军在昭莫多（今蒙古国乌兰巴托东南）追到了噶尔丹的军队，清军左右出击将噶尔丹的军队打得溃不成军。但噶尔丹还是跑掉了。

第二年春，康熙帝开始第三次围剿噶尔丹，噶尔丹被逼得无路可逃，服毒自尽了。康熙帝平定噶尔丹的叛乱，保障了领土完整。

土尔扈特回归故土

清军在入关以前，满蒙的生活方式和民族文化大体相似。清军入关后，大部分蒙古族首领都被册封。

土尔扈特部原本是卫拉特蒙古四部之一，后来因为与准噶尔部关系不好，两个部落之间经常发生冲突，土尔扈特部的首领就带领整个部落的人，向西迁移到额济勒河（今伏尔加河）下游。这里属于沙俄统治区域，沙皇想让土尔扈特部归顺沙俄，但遭到了拒绝。土尔扈特部的牧民渴望回到祖国，并不断向清廷派出使者，表达回归的愿望。

公元1712年，土尔扈特部的使者再次来到北京朝见康熙帝。同年，康熙帝派图理琛作为使者慰问土尔扈特部的牧民。图理琛来到土尔扈特部的驻地，向部落的首领传达了清朝皇帝对他们的关心，欢迎土尔扈特部回归故土。

土尔扈特部因不堪沙俄政府压迫，多次率族起义。18世纪60年代，渥巴锡当上了土尔扈特部的首领，此时沙俄正在与土耳其交战，缺少兵力。沙俄下令到土尔扈特部强制征兵，这样既可以支援沙俄前线的军事力量，又能削弱土尔扈特部的力量，便于日后统治。土尔扈特部的首领渥巴锡当即表示："我们不做奴隶，我们要去太阳升起的地方。"

公元 1771 年，渥巴锡带领土尔扈特部的所有牧民向东迁移，他们杀死了沙俄的官员，要脱离沙俄的统治，回归故土。叶卡捷琳娜女皇得知此事后，大为惊讶，当即下令阻止土尔扈特部迁移，要把他们永远留在沙俄，受沙俄的统治。

土尔扈特部在渥巴锡的带领下冲破重重包围，花了半年的时间回到伊犁。在回归祖国的过程中，土尔扈特部付出了惨痛的代价，出发时土尔扈特部的人数是十七万人，但只有七万人到达了伊犁。

他们到达伊犁后乾隆帝立即派官员去慰问，发放粮食等救济品，不仅划分土地给他们，还为他们准备了大量牛羊和生活用品。

朱耷装哑

康熙帝统治的清王朝逐渐稳定了下来。但是一些明朝的文人却难忘明朝的统治，不承认清朝的统治。朱耷（dā）就是代表人物之一。

朱耷是明朝贵族，因为刚生下来耳朵就非常大，所以他的父母给他取名"朱耷"。朱耷的父亲是一位知名的书法家。他在父亲的影响下，对书画也非常感兴趣。在朱耷十九岁的时候，明朝的统治被推翻，朱耷一度为僧，别号"八大山人"。

公元 1690 年，朱耷画了《孔雀图》，以此来讽刺清王朝。他在画卷上画的是：一块石壁下面有两只孔雀，一只孔雀的尾巴上只剩下三根花翎。他还在画上方作诗："孔雀名花雨竹屏，竹梢强半墨生成。如何了得论三耳，恰是逢春坐二更。"这幅画讽刺的是清朝的官员急急忙忙接驾，对皇上阿谀奉承的情形。

朱耷在自己的画上常常写上三月十九，因为这一天是崇祯帝在煤山自尽的日子，表达了朱耷对明朝统治的怀念。

朱耷对穷苦百姓的要求都尽量满足，但是对清朝的官员与富豪的态度却截然相反。临川县令逼迫朱耷为清朝效力，他就装疯卖傻。之后他便在扇子上写上了一个"哑"字，碰见不想交谈的人就打开扇子，一句话都不说。朱耷还在家门口贴上了一个"哑"字，谢绝他不想见的人。

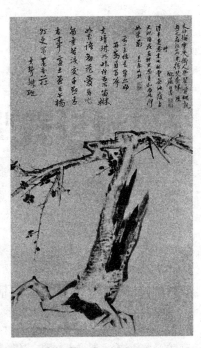

朱耷《古梅图》轴

（北京故宫博物院藏）

朱耷对于画花鸟、竹木、山水等十分擅长。他的画打破了以前的规则，极具创造性。朱耷的画具有很强的表现力，不拘一格，这也使他的作品更加生动。他画的鸟不是只会欢叫的鸟，而是在一片枯树林中屹立在树干上带有悲伤神色的鸟。这些鸟半睁着眼睛看向远方，而眼珠却向上，这表明作者对当朝统治的轻视，以及对前王朝统治的怀念。

朱耷与石涛、弘仁、髡残一起被称作"清初四僧"。

顾炎武坚持反清复明

顾炎武有着崇高的爱国情结，在看到明朝的覆灭和清朝严厉的管制后，他提出了"天下兴亡，匹夫有责"（原文是："保天下者，匹夫之贱，与有责焉耳矣。"），这句话的意思是国家的兴盛衰亡，是有关所有老百姓的事。

顾炎武出生在江南的一个富足人家，家中世代都是读书人，因此家里有很多书籍。在顾炎武小时候，他的祖父就开始教他看一些书籍。顾炎武读过《左传》《史记》《资治通鉴》等有关国家兴替的书籍。他还研究有关治理国家、安定民生的书籍。

顾炎武 15 岁时，明朝的统治就开始动摇了，他与他的好朋友归庄一起加入"复社"，参加了反宦官权贵的斗争。

公元 1644 年，崇祯帝在煤山自尽，顾炎武与归庄参加了反清复明的起义，攻打苏州城，但是被镇压了，顾炎武不得已逃到昆山。在昆山，昆山知县逼迫百姓执行剃发制度，这个制度激起百姓的愤怒，顾炎武与归庄参与了此次反抗运动，并且杀死了清政府的知县。反抗运动遭到镇压后，顾炎武与归庄逃了出来，但是顾炎武的亲人却在这

顾炎武 - 山水红金扇面

次运动中被杀害了。

顾炎武化名蒋山傭（yōng），在全国各地联络反清的起义军队。他的这些举动受到清政府的注意。昆山的叶方恒与顾家因为土地的缘故结仇，叶方恒得知顾炎武回到昆山，就把这个消息告诉了清军，而且还将顾炎武逮到家中严刑拷问。归庄得知此事后，想方设法将顾炎武救了出来。

后来顾炎武将自己的心得体会写下来，并与前人的书籍进行比较。他写的内容比较注重国民生计、国家边防等实际学问。顾炎武在北方游历了二十多年，为他的写作积累了丰富的素材。后来他专心写书，其代表作有《天下郡国利病书》《肇域志》《日知录》《顾亭林诗文集》等。

顾炎武七十岁的时候，在山西曲沃去世，他的一生都在与清政府抗争，时刻不忘反清复明。

段玉裁博学多闻

清朝时期出现了许多文学大家，其中段玉裁是最为著名的经学家和文字训诂（gǔ，用通行的话对古书字句做解释）学家。段玉裁自小就很聪明，喜欢读书，但他的家却很贫困。他出生于书香世家，他的爷爷以及父亲都是秀才，然而，他们都没有走上仕途，只是在家里种地。

他的家人只是本本分分地种地，因此，家里的收入并不高，这也是他家境清贫的主要原因。他的家里人也很喜欢读书，大部分钱都用来买书了，但种地却不能够赚太多的钱，这就更加剧了他家里的贫困。由于家里的读书氛围很浓，段玉裁自小就喜欢读书，各种书籍都有涉猎。他天资聪颖，一点就通，很快就将家里的藏书看了个遍。十三岁的时候，他就参加了郡试，二十五岁的时候，他去参加了乡试，并成功中举了。

段玉裁对各种典籍都很了解，对各种有关音韵的书籍了解得更为全面，他严格遵守父亲和爷爷制定的家教条例，日子过得再艰苦，也坚持著书立说。

段玉裁的一生写了很多著作，著书达到三十一种之多。这些著作中最为出名的就是《说文解字注》，这部著作足足花了他半生的心血，然而，段玉裁却并不满足。八十岁的时候，他还在著书，他曾写过一篇文章，在文章中，他说自己读的书还是太少，所以没有留下什么成就。他告诫后世子孙，要珍惜光阴，在年轻的时候多读书，多积攒经验，然后做出一番成就，千万不能虚度光阴，不要让自己在年老时后悔，只有珍惜时间，生命才有价值。如果浪费时间，虚度光阴，那么生命再长，也是没有任何价值的。

段玉裁一生都在著书的行为，感动了很多人，后人也将其告诫的话语记在心上，鼓励有为青年积极向上。

蒲松龄与《聊斋志异》

　　清朝建立后，清政府开始收买读书人的心，让读书人参加科举考试，取得功名。但是科举考试的黑暗内幕也完完全全地保留了下来。有的人努力一辈子也得不到一个秀才的称号，可能一辈子都是一个童生。

　　蒲松龄是一个既幸运又不幸的人，幸运的是他第一次参加科举考试就中了秀才，不幸的是，直到他头发变白了他也没取得更高功名。后来蒲松龄看透了科举考试的内幕，心中的不满情绪不断积聚。

　　蒲松龄出生在穷苦家庭，因此他与劳苦大众有着很多共同话题。他喜欢看一些神鬼狐怪的书籍，比如《搜神记》《玄怪录》等。他不仅经常与村里的老人谈论此类故事，还自己编一些鬼狐的故事讲给大家听，同时也听别人的故事。

　　江苏宝应县知县是他的朋友，聘请蒲松龄管理文书档案，帮着拟写公文。任职期间，蒲松龄看清了官场的黑暗和腐败，便辞去官职，回到故乡的私塾教书。这个私塾的管理者非常苛刻，后来蒲松龄把自己的遭遇写成了一个故事，写的是一个穷苦的教书先生，受到东家的压榨，干一些下人干的活。他写的故事表达了他对现实社会的愤恨与期望。后来，蒲松龄遇到了一个很好的东家，在这个东家那里教书三十年。

蒲松龄从30余岁开始写作，直至其晚年，才写成了《聊斋志异》。

《聊斋志异》以花妖狐仙作为故事的主体，运用虚幻的情境映射现实社会。在《聊斋志异》中，蒲松龄通过对牛鬼蛇神的描写，揭露现实社会中官场上贪赃枉法的局面。世界上没有真正的狐仙，蒲松龄运用超现实主义的写作手法抨击现实社会，使《聊斋志异》成为我国文学史上著名的文言短篇小说集。

清廷大兴文字狱

清政府一方面招录汉人为官，收买人心，另一方面又用"文字狱"来打压具有反清思想的读书人。在文字狱中被牵连的大多都是知识分子。

文字狱是指因为文字而构成的狱案，因文字作品获罪，具体说，就是当事人在其诗文作品中表达出来的情绪触及当朝某方面忌讳的人和事，朝廷根据其思想甚至是捕风捉影定罪。

文字狱自古就有，但是到了清朝更为严重，康熙帝、雍正帝当政期间文字狱的势头达到了顶风。被文字狱牵连的人非常多，有的被杀，有的被充军，有的被奴役。

康熙帝统治期间，有两起案件震惊全国。一个是庄廷钺（lóng）明史狱，庄廷钺花钱买了一部明朝人写的没印刷出版的《明史》，这部书的主要内容是明朝的历史，他找人稍加改动后，改名叫《明史辑略》，印刷发行。书中的一些语句对清廷不敬，称清太祖努尔哈赤为建州都督。庄廷钺死后，此事被一些人举报，庄廷钺的尸体被挖出来砍头，他的儿子也被砍了头，一些参与印刷、买书、卖书的人有的被砍头、有的被充军，一些官员也被撤职。这次有七十多人被杀。第二个是戴名世《南山集》狱。康熙帝对此案十分重视，但此时的处置尚不严苛，此案最后除戴名世处斩外，其余受株连者均从宽处理。

在雍正帝执政期间最出名的文字狱是吕留良和曾静案。吕留良曾写过很多文章，并在其中表明了不满清朝统治，怀念明朝统治的思想。他死后，这些文章被曾静看见，受到吕留良的影响，他联系其他人预谋反清复明，后被岳钟琪告发，曾静等人被清军关押起来。雍正帝觉得吕留良影响过大，便把他的尸体挖出来戮尸。雍正帝还亲自撰写《大义觉迷录》，为自己辩护，并在全国发行。

文字狱对我国文化的进步有着一定的消极影响。

改土归流

清政府在政权稳定之后，便开始关注西南地区的管理问题。从南宋开始，统治者就在西南、西北地区执行土司制度，就是在少数民族居住的区域，设置土司，由少数民族的首领担任。

土司在所在区域有着特殊的待遇，职位可以世袭，不受政府的约束。土司每年只是象征性地向朝廷缴纳一些贡品。土司可以有自己的军队、监狱和管理制度。

由于土司的势力越来越大，土司在所管理的地区内任意妄为，鱼肉百姓。土司之间还出现为了争夺地盘所发生争斗的现象。有的居然还和国外势力联合。在清政府稳定了其他地区的统治后，土司的问题被提上了日程。

鄂尔泰是雍正帝执政期间的内务府官员，后来被雍正帝任命为云贵总督，他到当地后发现了土司制度的弊端：第一，土司管理区域划分混乱，土司间相互争夺地盘；第二，土司制定的制度太残暴，征收的税银远远超过国家定的标准，这些地区的百姓过着暗无天日的生活；第三，土司之间相互推诿；第四，有的土司暗通国外势力。

鄂尔泰向雍正帝上书建议，在西南边界地区实行改土归流的政策。改土归流就是取消土司的特权，在原来的土司统治的土地上统一设立官位，委派官员，归朝廷统一管理。雍正看完鄂尔泰的奏折后，十分赞同他的主意，命他主抓这次改革。

鄂尔泰主张和平改土归流，尽量让土司自己主动交出土地及其管理印信，如果遇到不服从改革的，再动用武力围剿。对于主动配合改革的土司，给予新的官职、田地，安排家属的生活。鄂尔泰的一系列改革措施得到了雍正帝的大力支持。

改土归流之后，西南边境变得更加稳定。少数民族人民的生活水平得到了很大的改善，对我国的多民族统一做出了重大贡献。

郑板桥卖画为生

康熙帝、雍正帝、乾隆帝执政期间，经济、文化得到了空前的发展。人们对文化的追求也越渐狂热。

扬州是一个繁华的大都市，许多文人墨客都聚集在此，这其中有很多著名的画家，如"扬州八怪"——郑板桥、金农、黄慎、罗聘、李方膺、李鱓、高翔、汪士慎。他们八人有着相似的经历，也有着相同的精神追求。他们的作品贴近生活实际，富有表现力，在一定程度上反映了当时的社会现实。他们对官场的黑暗与腐败表达出强烈不满，与穷苦百姓打成一片。他们不被条条框框束缚，大胆创新，画风与当时一板一眼的风格完全不同，被具有正统思想的人看作是怪人。

郑板桥是康熙年间的秀才，雍正时期的举人，乾隆时期的进士，在"扬州八怪"之中最具代表性。郑板桥在做官期间，同情穷苦百姓，在遇到天灾的时候，立即向朝廷报灾，打开粮库赈灾。他的这些行为无意之中得罪了朝廷的大官，此后他经常受到刁难，后来他辞去官职专心画画，以卖画为生。

在郑板桥的作品里，劲竹、兰花、石头是主要的创作对象。他画中的竹子、石头都富有很强的表现力，人们能在他的画中看到他对当时社会黑暗现象的愤恨和对民众的同情。一次，郑板桥画了几株被风吹雨打的竹子，在画的旁边题诗"衙斋卧听萧萧竹，疑是民间疾苦声"。郑板桥用竹子遭受风雨，暗示穷苦百姓所遭受到的压迫。

郑板桥的画非常畅销，人们争相买他的画，大家都以能得到郑板桥的画为荣，他对穷苦百姓从不吝惜笔墨，一些穷苦人来向他求画，他总是十分慷慨地赠送给他们。然而对那些权贵却是持相反的态度，不管官位多高，所付的银两多多，他都拒绝为他们作画。

扬州八怪的画风与朱耷的画风有些相似，都具有创造性，为以后的作画风格开辟了新的道路。

乾隆帝与《四库全书》

乾隆帝十次平乱战争之后，国家的边境得到了稳定，于是乾隆帝想在文学上创造更大的政绩，他想把书籍分类编著。

唐朝的时候，读书人就把书籍分成经、史、子、集四大类，叫作"四库"。经部，主要内容是孔子、孟子传道解惑的学问；史部，主要收录历朝的历史与地理等书籍；子部，主要收录哲学与百科的书籍：集部，主要收录文学作品与诗集。

乾隆帝想把全国所有书籍汇总在一起，做一次全面的归类整理，主要目的是彰显清朝的文化底蕴，想用文化来巩固清朝的统治地位。并且，在这次书籍的整理归类中，可以再审查一次书籍中是否有反清思想的存在，如发现"反书"，立即禁毁，这样的行为被叫作"寓禁于修"。

全国各地收集的大量图书中，有三千多种被认定为不合格，被禁毁。可以录入到《四库全书》中的书籍都是对清朝的统治有利的。如果书籍中出现反动词语，就会被删除或予以改动。有的书籍在被改动以后就没有原来的意思了。

　　这次书籍的归类整理，动用了大量人力物力，为此清政府还专门建立了四库馆，负责编纂书籍，参加这次编纂的人员有三千八百多人。纪昀在这次编纂中起到了领导作用。《四库全书》中的每一本书都要经过纪昀的审核，并要做出明确的批注，此外纪昀还编写了《四库全书总目提要》。

　　经过众人十年的努力，《四库全书》终于编纂成功，每本书中都有书的来源与作者，每本书籍都经过多人推敲才被确定下来。《四库全书》一共收书四百六十余种，并抄录了复本，收藏在藏书阁，供读书人浏览阅读。

　　《四库全书》记录了我国大量的文化知识，具有保存和整理乾隆以前文献的作用，它被称作"中国人修造的文化长城"。

曹雪芹与《红楼梦》

曹雪芹创作的《红楼梦》是在乾隆帝编纂《四库全书》时流传开来的。

曹家深受康熙帝恩宠，自曹雪芹的曾祖父担任江宁织造起，曹家三代人当了这个让人眼红的官六十年左右，曹家家产越来越多，成了江南有名的豪门。曹雪芹就是出生在这样的贵族家庭中。

曹雪芹小时候过着十分富裕的生活。雍正帝即位后，受朝廷政治斗争牵连，曹家被雍正帝下令抄了家，自此败落。当时的曹雪芹已经十岁了，家族的没落给他的身心造成了巨大的创伤。更不幸的是，他的父亲去世后，他只能居住在郊区的山村中。

他的生活穷困潦倒，没什么经济来源，解决温饱都很难。

林黛玉

从家财万贯到一贫如洗，巨大的落差让曹雪芹更加深刻地认识了当时的社会，促使他写出《红楼梦》这部中国古代文学史上最伟大的小说。

《红楼梦》全书以贾、史、王、薛四大家族的兴衰为背景，以贾宝玉与林黛玉、薛宝钗的恋爱经历以及其他红楼女子的生活经历为中心线索，真实而深入地描写了日益丰富的人性与生存环境的冲突、人性被压抑的痛苦，以及要求人性解放进行的挣扎或反抗，生动地塑造了贾宝玉、林黛玉、薛宝钗、王熙凤等许多具有鲜明个性的艺术形象。

现存的《红楼梦》只有前八十回是曹雪芹写的，后面四十回一般认为是高鹗（è）续写。虽然后四十回的思想性不及前八十回，但却使这部著作完整了。

现在《红楼梦》在国内外都有很高的声誉，由于它的影响力巨大，国内外的一些学者还成立了红学研究会，专门研究和考证这一著作。

乾隆帝六巡江南

乾隆帝在位期间非常注重农业和手工业的发展。为了政治稳定，他经常到全国各地巡察，检查各地的治理情况，曾经六次出巡江南。

乾隆帝每次南巡都十分重视农业发展，大力提倡和鼓励发展农桑，最让乾隆帝看重的是水利工程。乾隆帝在南巡过程中如果发现哪里有问题，就亲自提出解决办法，如果发现谁有好的想法，就给他加官进爵。此外，他还多次给山东、江苏、浙江三省减免赋税。

南巡过程中，乾隆帝还很注重笼络人心，每次经过历代先贤的祠堂或陵墓时，都亲自或派大臣去祭奠；还大力提倡人们读书并给予优待；给卸任的大臣和官员很多恩惠。

乾隆帝南巡的弊端也很大。每次南巡都要提前考察路线，铺路修桥，建造行宫。大臣还会勒索和欺压沿途的百姓，凡是不服从命令的百姓都要遭殃，人们虽然怨声载道，也只能忍气吞声。

不仅如此，乾隆帝为了能彰显"太平盛世"的气象，每次出巡的排场都极其讲究。两千多名随行的王公大臣和宫廷侍卫，一千多艘大船，征用的畜生、征调的农夫、服役的民夫更是不计其数。沿途修建的道路、行宫极其奢华，所有官员都要迎驾、跪拜。

所到之处的官员和富商为了得到乾隆帝的褒奖，都想尽办法来讨好他。乾隆帝经过的地方都要大兴土木，看到的地方都要张灯结彩。官员们相互勾结，费尽周折只为取悦乾隆帝，致使朝廷开始盛行铺张奢靡、献媚取宠的风气。

有几位忠臣直言不讳，指出乾隆帝南巡给沿途百姓造成很大伤害，人们敢怒不敢言，并反对南巡。这使得乾隆帝大怒，处分了这些直言的官员。这样一来，没人敢对乾隆帝说真话，吏治日益衰败，百姓的负担越来越重，清王朝开始走下坡路。

乾隆帝继位之初，国力曾达到过高峰，国民生产总值占全世界的三分之一。但最后国库空虚，清王朝由盛转衰，这和乾隆帝的挥霍浪费是分不开的。

大清第一贪官和珅

　　乾隆帝执政后期，人们歌颂他的"盛世圣绩"，他自己也陶醉其中。所有贪官污吏都上行下效，阿谀奉承，贪污腐败之风盛行。和珅（shēn）就是其中之一。

　　和珅十分机灵能干，受到乾隆帝帝的赏识，直接做了御前侍卫。他善于察言观色，随机应变，处处投乾隆帝所好，使得乾隆帝对他越来越喜欢，并逐渐产生了依赖。和珅从此春风得意，最后官至军机大臣、文华殿大学士，并逐渐掌握朝政大权，成了大清帝国的第二个"乾隆帝"。

　　和珅掌握朝政后，开始为非作歹，无法无天，经常干贪污受贿、买卖官爵、敲诈勒索、侵吞贡品等腐败之事。他贪得无厌，看见宫中有上好的和田玉马，也要想方设法弄到自己府中。谁家有什么好事都要先来"孝敬"他，皇室成员也不例外。就连他的家奴都有好几套房产，仗势欺人，奢侈铺张。

　　乾隆帝知道和珅贪财好权，可还是将女儿嫁给了和珅的儿子，对和珅的宠信只增不减。有一次，皇子打碎了一个一尺的玉盘，怕惹乾隆帝生气，先找和珅想办法解决。和珅随手就拿出了一个更大更好的玉盘，并禀告乾隆帝说自己发现了这个更好的玉盘，特意孝敬给皇上的，乾隆帝见后大悦。其实乾隆帝得到的各地贡品，都是和珅挑完剩下的。

也有人参劾过和珅的家奴，并暗指和珅目无王法，贪污受贿。但乾隆帝却包庇和珅，提前给了他提示，和珅随即令家奴把证据毁掉了。参劾他的人反而得了个"妄言（任意编造没有根据或不甚可靠的话语）不实"的罪名，受到处分。

乾隆帝退位，嘉庆帝继位后，实权依然在乾隆帝手中，和珅还是肆无忌惮，甚至还派人监视嘉庆帝，嘉庆帝选择了隐忍。乾隆帝去世后，嘉庆帝一举扳倒和珅，抄了他的家，和珅的家财相当于当时国库的十倍。

和珅被勒令自杀，所有财产收归国库。

天理教起义

　　乾隆帝统治后期，贪官污吏横行。百姓怨声载道，起义不断。嘉庆帝时期情况稍有好转，但是阶级之间的矛盾仍然存在。

　　这时北方地区有一个宗教，叫作八卦教，又被称为荣华会。八卦教主张反抗官府，杀掉官吏，经常进行传教活动，广收徒弟，不断扩大教会规模。公元 1806 年，林清加入天理教，成为坎卦教主并兼领八卦。

　　林清是大兴人，曾经给一名武将做奴隶，因此学会了很多武艺，也学过一些药理知识，懂一些医术。后来，林清经熟人介绍，在县衙做书吏。由于官路上多坎坷，林清就来到了姐姐家。林清和姐夫二人走南闯北做生意，最终因林清嗜好赌博而分开。于是林清依靠着自己仅有的一点儿医术，到南方去做医生。之后，林清还是回到了姐姐家。

　　林清是经人介绍加入八卦教的。由于社会经验丰富他很快就做了坎卦教主并兼领八卦。林清在管理八卦教的时候，承诺以后会分给农民土地，于是很多农民都积极响应并入教。

公元 1811 年，林清去拜见李文成，二人商量起兵造反。后来，林清和李文成共同管理八卦教，并且发动民众起义。公元 1813 年，八卦教改名为天理教。林清、李文成和冯克善三人商议于嘉庆十八年九月十五日同时起义，因机密泄露，李文成在滑县被捕。其教徒提早于九月初七起义，杀知县将他救了出来。

林清按原计划袭击皇宫，东华门和西华门都打开了，情况十分危急。镇国公进宫，抵挡起义军。在清军的全面攻击下，起义军大败。后来林清被捕，对造反的情况供认不讳，被处死。嘉庆帝又调兵去镇压李文成军队，四面包围了李文成。李文成在大火中自焚，天理教起义宣告失败。

女英雄王聪儿

乾隆帝执政后期，社会矛盾层出不穷。大量农民失去了土地成为流民。人口不断增多，耕地的数量太少，致使饥民遍地。乾隆帝依然挥霍无度，贪官污吏横征暴敛，导致百姓的不满情绪不断积聚。

在四川、湖北和陕西等地，河流数量较多，原始森林是比较常见的。这一地区，政府的统治比较薄弱，背井离乡的流民多汇聚到这里。当地的白莲教逐渐发展起来，成为反清的主要力量。最终白莲教起义逐渐开展起来。虽然白莲教支派首领齐林被斩首，且头被挂在城门上示众。但是，一些积极响应起义的教徒并没有一点儿恐惧感，反而怒火中烧。齐林的妻子名叫王聪儿，她继承了丈夫的遗志，在黄龙垱誓师起义。王聪儿头戴着白巾，全身都穿着缟素的衣服，和起义军一起饮酒盟誓，要和残暴的朝廷对抗到底。

久而久之，王聪儿在白莲教中的威望不断提高，再加上她出色的组织才能及高超的武艺，最终成为白莲教的统帅，起义军被她组织得井井有条。王聪儿首先组织流动作战，多次攻破城寨，惩处贪官污吏。所到之处，受到人民的拥戴。起义军的队伍逐渐扩大，积极地对抗清军。

嘉庆帝看到起义军的声势如此之大，开始惊慌失措，于是命令朝中的大小官员带兵前去镇压。王聪儿在每次战斗中都是冲在最前面。

后来，王聪儿的起义军联合各处的起义军，组成了百万大军。入夜之后，白莲教的教徒组织了"东乡之会"。这些起义军会师之后，进行统一编号，但是他们却没有真正地连在一起，还是各自为政。东乡之会后，嘉庆帝继续调动大军进行围剿。各路大军在全国各地调动，牵制了很多清军。

嘉庆三年，王聪儿计划攻打西安。起义军由于实力不足，最终惨败。王聪儿进军湖北时，被清兵包围。最终因为没有突围成功，王聪儿带着手下跳崖自尽。

林则徐虎门销烟

嘉庆帝驾崩后，道光帝继位。道光帝不但要应付国内的反清起义，还要应对外国资本主义的威胁和侵略，其中就包括英国的侵略。

道光年间，江南出现雨灾，有个江苏按察使机智巧妙地救济了灾民，他就是日后因禁毁鸦片而名垂青史的林则徐。

十九世纪以来，以英国为代表的西方国家生产过剩，十分希望打开中国的大门，但中国实行闭关锁国政策，只允许商人在广州与外国通商。中国是农业大国，不需要工业用品，于是外国商人开始向中国销售鸦片。

鸦片是毒品，对人体危害非常大，又会让人吸食成瘾。鸦片使外国商人获得高利润，我国的白银严重外流，有烟瘾的人口多达二百多万。

林则徐看在眼里，他知道不能让国民生计这样恶化下去。公元1838年，林则徐向皇帝上了一道奏折，大谈国民继续吸食鸦片所带来的种种后果。道光帝意识到了其危害，便命林则徐去广州封禁鸦片。

1839 年 3 月，林则徐到了广州，外国商人还想像贿赂其他大臣一样贿赂他，但林则徐却怒斥道："本大臣不要钱，只要你们的脑袋。"还让他们在限期内把带来的鸦片全部交公，并签订永不销售鸦片的保证书，否则一律处死。

有个叫颠地的大烟贩企图弄虚作假骗过林则徐，但被识破，可颠地还耍阴谋诡计，林则徐决定逮捕他，但他得到了英国商务监督义律的帮助，以战争相威胁。林则徐将商船封舱，商馆封锁，最后义律不得不把鸦片交出来。

林则徐在虎门海滩高处挖了两个与大海相通的大池，接着把一箱箱鸦片倒入大池中，再放入生石灰和海盐使鸦片彻底销毁，销毁完一批接着销毁下一批，就这样共用了 23 天才销毁完毕。可见在我国鸦片的流通量之巨大。其间，林则徐亲自率所有官员监督鸦片的销毁，人民群众都热烈欢呼。

林则徐还强化了海岸线的防御，多次击退了英国兵船发起的挑衅，这都体现了中国人民抵抗外来入侵的能力与信心。

第一次鸦片战争

　　林则徐虎门硝烟长了中国人的志气，但也惹恼了英国政府。公元1840年6月，英"东方远征军"首领懿律率领英军侵略广东，封锁珠江水面，第一次鸦片战争爆发了。

　　林则徐驻守广州，英军占不到便宜。于是他们又去攻打厦门，但也没得到什么好处。英军不甘心，继续向北骚扰，定海疏于防范被攻陷了，英军一直打到天津附近。这下道光帝害怕了，撤了林则徐的官职，发配他到新疆充军。道光帝还下旨，只要英军肯退回广州，任何事都可以妥协。

　　钦差大臣琦善一味讨好英军，使得英军得寸进尺，要求赔偿烟和军费，还想要单方面占领香港，这让道光帝十分生气。公元1841年1月27日，清政府向英军宣战。虎门的将士在英军猛烈的进攻下，持续搏斗了十个小时之久，最终由于寡不敌众全部牺牲。奕山愚昧无知，竟利用迷信与英军作战，结果更是大败。最终，清政府被迫签订了《广州合约》，并支付了"赎城费"，才保住了广州。广州百姓奋起反抗但被清政府制止。

英国政府贪得无厌，发动了更大规模的侵华战争。英军攻下厦门，打到定海，定海官员战士全部牺牲。之后英军又攻下了镇海、宁波。道光帝知道消息后，没经过思考就任命皇侄奕经组织反击。这个奕经更是愚昧无知，竟然将胜利的关键赌在龙王发怒上。结果清军惨败，道光帝不得不再次派人去求和。

英军并不把求和当作一回事，公元 1842 年，英军开始进攻吴淞，清军将士奋起反抗，最终不敌，吴淞沦陷。长驱直入的英军攻到了南京城外的江面上。道光帝被迫签署了中国近代史上的第一个不平等条约——《南京条约》。它的内容包括割让香港，赔偿英国两千一百万银元，开放广州、福州、厦门、宁波、上海为通商口岸，进出口税率要同英国一起议定。

有了英国的先例，沙俄、法国等都开始对中国发动侵略战争，并与清政府签订了很多不平等条约，中国逐步沦为半殖民地半封建社会。

龚自珍寻求救国道路

林则徐遭贬谪是因为朝廷需要替罪羊，同时也与投降派的中伤分不开。但朝中仍有王鼎这样的忠臣以死相谏，请求皇帝召回林则徐，然而这些要求都被拒绝了。这反映出尽管道光时期清廷腐败黑暗，但也有一批正直的大臣有着寻求救国道路的强烈意愿，林则徐的两位友人龚自珍和魏源就是其中代表。

龚自珍是浙江仁和（在今浙江杭州）人，公元1829年的进士。他学识渊博，特别关心社会发展的问题。他年轻时就写过大量关于国计民生的政治文章，并同林则徐、魏源组织了"宣南诗社"，讨论救国问题。在龚自珍看来，当时的社会存在三大弊病：一是专制，二是八股取士摧残人才，三是顽固守旧，不知变通。他也是坚定的禁烟派。林则徐在出发禁烟时就得到过龚自珍的赠言，并且对龚自珍的赠言很重视。

龚自珍对社会的批判引起了穆彰阿的愤怒，于是穆彰阿就诬陷龚自珍，使其不得不辞官回杭州讲学。龚自珍曾感叹："我劝天公重抖擞，不拘一格降人才。"他进步的政治观点和诗文对近代的知识分子有巨大的影响。

魏源，湖南邵阳人，公元 1845 年的进士，长期管理朝廷粮食运输、盐政、水利工作，写出了很多关于内政改革的著作。鸦片战争以后，改变国家命运的责任感促使他将视野从国内转向海外，开始了对西方国家的研究，他发现自诩为"天朝上国"的清政府从上到下对外部世界都是一无所知的。

故而，魏源根据林则徐的《四洲志》和自己搜集的资料，用两年时间写成了鸿篇巨著《海国图志》。在这本书里他不仅介绍了世界各国的历史地理情况，还穿插介绍了各国政治、经济、文化等内容，并且探求富国强兵和抵御侵略的策略，提出"师夷长技以制夷"的主张。《海国图志》不仅在清朝思想界中引起巨大震动，日本的明治维新也受到了它的影响。

三元里抗英

英国军队攻占了虎门炮台，挥师南下到了广州，广州告急。公元1841年，大臣杨芳和奕山到达广州。他们看到军舰在江上穿梭，认为这里面有妖术，就想到"以邪治邪"，于是就命令将士们大量收集马桶，装在木筏上，朝着英国的军舰划去，打算用污秽之物来抗击妖术。没想到，他们受到英军的反攻，情况更为危急。

后来，奕山率领大军进行夜袭，也以失败告终。英军见此情形，便展开了大规模进攻。广州各个炮台都被英军占领，英军将司令部设在永康台上，当时，人们称永康台为四方炮台，大炮可以直接攻打到城中。

看到这种情况，奕山等人觉得应该在城墙挂上白旗，让广州知府和英国人议和。于是双方签订了《广州和约》。清政府需要向英国政府缴纳赎城费，还要赔偿英军的损失，这样英军就可以不进入广州城。但是，这一条约签订后没多久，英军就开始在三元里附近骚扰当地百姓，烧杀抢夺，强暴妇女，焚烧了很多民房。5月29日，几个英国士兵来到三元里，一个菜农的妻子被他们调戏了，于是这个菜农就联合了当地的几个青年一起将其中的几个英国士兵打死了，并将尸体扔到猪粪坑里面。剩下的几个英国士兵逃跑了，这一消息很快就传开了。

当地百姓为了抵抗英军的侵略，在三元里召开集会，决定团结一致和敌人进行战斗，同时也推举了领袖，集体对着旗帜发誓："宁死不屈，旗进人进，打死无怨。"于是，三元里人民组成了一支反抗英国侵略的义军。

英军来到三元里进行报复，义军和英军接触之后快速掉头将英军引到了牛栏冈。英军对牛栏冈不是十分熟悉，而且那个地方地形奇特。最终，三元里义军全歼了英军600余人。英军的后援部队即将到来，没想到天竟然下起了雨，英军的大炮无法发挥作用，被困在牛栏冈出不来。

三元里抗英斗争体现出了人民对外国侵略者的憎恶，同时也打击了英军的嚣张气焰。

洪秀全金田起义

　　公元 1844 年，广西贵县（今广西贵港）的神庙中聚集了很多人。乡民们正在听洪秀全宣传拜上帝会的相关教义。他说："我们都是天父的儿女，人人生来平等，可是现如今，妖魔鬼怪横行，大家无法过安生的日子。所以除了天父之外，我们不能轻易相信任何人。"

　　洪秀全说自己是天父派来拯救世人的，为了让大家相信自己的说法，他拿着自己手里的笔，朝着神像一戳，神像突然就倒塌了。很多白蚁从泥中出来。乡民们对洪秀全十分敬仰，觉得这个人就是天父派来拯救世人的。事实上，洪秀全早就打探过这座神庙，神像的情况他也早就知道，这座神像已经被白蚁蛀蚀得十分严重，只要轻轻一推就会倒塌。

　　洪秀全是广东人，他曾参加过多次科举考试，但都落榜了。由于个人的失意和对社会的不满，他有很强的逆反心理。一次，他偶然接触到《劝世良言》，受到极大的鼓舞，决定抛弃功名，做自己喜欢做的事情。

　　洪秀全和冯云山、洪仁玕创立了拜上帝会，用各种方式宣传自己的思想主张。很快就有了大量响应者。鸦片战争失败，需要赔款，于是清政府就加大了对农民压榨的力度。这时广西地区正赶上闹灾荒，大街上竟然出售人肉。洪秀全看到这些之后，觉得时机成熟了，于是就发布了动员令，将一些青壮年编入兵册当中，组织了一支起义队伍。清政府听闻这一消息后，派兵捉拿洪秀全，但是却中了埋伏。

在起义军建立的过程中，洪秀全还发布了军队纪律，要求入伍的将士必须遵循。军纪包括：遵守纪律，男兵和女兵要分营，兵将要团结一心，不能够临阵退缩等等。洪秀全自立为天王，在攻克永安后，他封杨秀清、萧朝贵等人为东王、西王等。每天都有很多百姓参加到起义的队伍当中，气势锐不可当。

公元 1853 年，洪秀全和杨秀清率领太平军攻占了南京，并将"南京"改名为"天京"。

杨韦事变

1851 年，咸丰皇帝继位。当年 9 月，太平军攻克永安（今广西蒙山），和清军对峙了半年之久。在永安驻守的时候，洪秀全封杨秀清为东王，萧朝贵为西王，冯云山为南王，韦昌辉为北王，石达开为翼王。在太平军抵抗清军的过程中，西王和南王牺牲了。洪秀全以十万军队占领了武昌地区，百姓听说洪秀全治兵严格，而且待人宽厚，于是都到街上去欢迎太平军。

一次，洪秀全要占据河南获得粮草，而这一提议却遭到一个水手的反对，水手说："河南的粮食不多，如果太平军压境，必然会陷入被动，不应该去河南。"杨秀清认为他说得有道理，就对洪秀全提议应该建都南京，将南部作为重点来进军。于是，洪秀全听了他们的建议将都城定在南京，改名为天京。

太平天国定都天京后颁布了《天朝田亩制度》，这一制度不仅解决了土地的问题，还勾画出了太平军所要实现的宏伟蓝图。这项制度虽未能实施，可是其思想性却值得借鉴。杨秀清在军事方面很有天赋，多次领兵打仗，屡立战功，受到天王的赏识。洪秀全和杨秀清觉得政权相对稳固了，就开始摆阔气，不和百姓一条心。而且，杨秀清还过度追求权势，根本不将洪秀全放在眼里。

不久，几个领导人之间起了争执，为了争夺土地、权力互相残杀。大家会因为一点小事而相互责罚，久而久之变得无法共处。后来，杨秀清独揽大权，他将北王和翼王远调，使他们不能回来和自己争权。不久，杨韦事变爆发。

韦昌辉回到天京后，包围了东王府，将杨秀清满门抄斩。石达开回到天京之后，发现韦昌辉要害他，于是逃到了城外。尽管如此，韦昌辉依然将其亲属全数杀害。洪秀全过来指责韦昌辉。谁料韦昌辉竟然勃然大怒，举兵造反，洪秀全也领兵抵抗，最后，韦昌辉逃跑。太平天国逐渐走上了下坡路。

捻军反清

19 世纪初期，安徽、河南、山东等地的农民共同组织了农民起义军，主要是反抗封建势力，以谋求一条生路。

1851 年，河南的南阳、南召等地聚集了许多民众，组成了农民起义军。第二年张乐行等人举行起义，起义军有万余人，一举攻克了河南永城等地。当太平军进入黄河一带之后，起义军也积极地予以响应，形成了很多独立的队伍，而且还逐渐从分散趋于联合，形成了捻军。

1855 年，张乐行召集了各路捻军首领会盟，大家推举张乐行为盟主，而后称他为大汉永王。随后，他建立了五旗军制，制订了《行军条例》十九条，为反清斗争奠定了基础。

1857 年，张乐行改用太平军的旗帜，后来，洪秀全还封张乐行为沃王。捻军后来就以雉河集（今属安徽涡阳）为主要的根据地，对清军进行牵制。他们比较常用的战术是打圈圈，让清军难以找到捻军的主力，因此，仗打得十分辛苦。第二次鸦片战争之后，清军对捻军的围剿不断加紧，并且任命僧格林沁亲王为攻打捻军的主要统帅。他上任之后就全力攻打捻军的根据地，在一次战役中，张乐行殉难，捻军的皖北根据地也被攻陷。后来捻军依然采用流动作战的方式，坚持和清军进行斗争。

1864年，捻军和太平军在鄂豫边境会师，并将捻军改组，赖文光为首领，这时捻军的队伍已经发展到了十余万人。次年，捻军在山东沉重地打击了僧格林沁的军队，僧格林沁被当场击毙。清政府曾派人多方围剿，曾国藩也曾任钦差去攻打捻军，都未能成功。后来，清政府又派遣李鸿章去接替曾国藩剿灭捻军。为了躲避清军的追剿，捻军转战在河南、山东、湖北等地。

捻军虽然最终以失败而告终，但是却直接打击了清政府的腐朽统治。

英法联军火烧圆明园

太平军定都天京之后，进行了大规模的北伐和西征。国民革命军一直攻到天津。西征军到达了安徽、江西一带，控制着长江中游地区。就在太平军不断取得胜利的时候，外国侵略者也在伺机威胁清政府。公元 1856 年，广东水师在"亚罗"号上拘捕了海盗和嫌疑犯 12 人。英国官员却伪造情节来诬陷中国水师，并要求放人和道歉。这件事引起了轩然大波，成为了第二次鸦片战争的导火索。

战争爆发之后，两广总督叶名琛据理力争，不赔偿、不道歉。英军十分不满，广州城很快就被英军攻占了。为了逼迫清政府投降，英国侵略者勾结法国侵略者组成英法联军。1858 年 5 月，英法舰队在俄、美支持下攻陷大沽炮台，逼近天津。清政府腐败无能，面对这种情况十分惊慌，于是就派人与俄、美、英、法四国代表分别签订《天津条约》。此时沙皇俄国也趁火打劫，用武力逼迫清政府签订了《中俄瑷珲（àihuī）条约》，割去了黑龙江的很多领土。《天津条约》签订之后，英法联军的野心还是没有得到满足，于是再一次挑起了战争。公元 1860 年，英法联军直逼北京，在北京城中大肆烧杀抢掠。

圆明园不仅建筑宏伟壮观，而且风景秀美，其中有很多珍品。里面种植着奇花异木，罗列着国内外名胜和建筑物，因此圆明园有"万园之园"之称。但是，它却遭到了英法联军的抢夺，被严重破坏。

英法联军闯进圆明园后，惊讶于眼前的美景。于是，当晚就进行了掠夺。贵重的物品都被他们放到了自己的口袋中。一些无法带走的东西，他们就砸坏。他们发现圆明园中的财宝和珍品不计其数，于是下令所有士兵都可以自行在园中抢夺。一时间，整个圆明园处于一片混乱当中。英法联军将能拿走的东西全部拿走，后来，为了掩盖自己的罪恶行为，竟然在圆明园中放了一把火，大火整整烧了三天三夜。

英法联军火烧圆明园，腐败的清政府无力抵抗，只得屈服，还和英法侵略者分别签订了《北京条约》，从此，中国进一步成为一个半殖民地半封建国家。

圆明园

曾国藩通宵苦读

曾国藩

曾国藩小时候并不聪明，反而还很迟钝。但他勤劳刻苦，长大后的他文武双全，学富五车，成就非凡，最终成了清朝有名的大臣。

曾国藩年幼时在私塾读书，一次，先生教了一篇文章，经过先生的教导和学生自己的背诵，每个人都可以流利地背出，只有曾国藩不行。先生生气地用戒尺打了他，还训斥他说："等你背下来了再来上学。"

当天晚上，小偷来到曾国藩书房的房梁上，想等曾国藩背完书睡觉后偷点东西。夜渐渐深了，可是曾国藩还在认真地摇头晃脑地背着，根本不知疲倦。但是背完上句，下句总是迟迟接不出，偶尔还上句接的不是下句，每当曾国藩卡住时，房梁上的小偷都能默念着下一句，祈祷他赶快背出。如此反复，夜已经很深了，曾国藩根本没有去睡觉的意思，这个小偷等得实在是不耐烦了，从房梁上跳了下来，当着曾国藩的面将一整篇文章流利地背了下来，最后留下了一句"背了这么长时间还背不下来，你这么笨根本不配读书"后扬长而去。

曾国藩听了小偷的话，十分难过，但是他并不灰心，也没有垂头丧气，反而想："既然我没有别人聪明，我就要付出比别人更多的努力，这样才有可能追上别人。"想到这些，曾国藩更加坚定了自己的信心，又开始摇头晃脑努力地背起来，一遍一遍地背，反反复复地背，比之前更认真、更仔细，直到流利地背下来了才去睡觉。

孤独的夜，留下曾国藩坚定的背影，可他并不感到孤独，他的信念一直都扎根在他的心里。夜再黑，一颗坚韧不气馁的心总是充满希望，最终帮他找到光明。

第二天去上学，先生考他时，曾国藩背了出来，还比很多同学背得流利，这让老师和同学都刮目相看。正是曾国藩的勤劳刻苦，才让本来笨拙的他逐渐超过身边的人，成为清朝著名的大臣。

曾国藩镇压太平军

清政府有六十多万绿（lǜ）营兵，但是，太平军的攻势强烈，绿营兵损失惨重，只能转攻为守。于是，清政府将希望寄托在团练身上。

曾国藩是湖南人，曾经考中进士，做了二品官。公元1852年，其母亲去世，他回家乡守孝。不久之后，咸丰皇帝想要在地方组织团练。1853年，曾国藩得令在湖南组织团练，并在此基础上扩编成正规军队，因将领和士兵多为湖南人，因此得名"湘军"。

曾国藩将自己的亲友和同乡作为军队的主力，一些没有任何实战经验的农民也过来参军。湘军的军饷要高于绿营兵，内部的管理机制也非常严格。曾国藩在整顿湘军的过程中，曾经处决了上百人，一度被人们称为"曾剃头"。曾国藩还借组织团练的机会，截留了朝廷很多粮饷。在短短一年之间，湘军的人数竟然达到了一万七千多。

在太平军的进攻之下，绿营兵屡战屡败。清政府无奈之下就派遣湘军去支援。可是，曾国藩不想让自己的军队去冒险，采取拖延战术。公元1853年，太平军占领了湖北地区，咸丰帝只得亲自写信给曾国藩，要求他帮忙攻打太平军。从此以后，湘军和太平军之间产生了很深的仇恨。

在双方交战的过程中，湘军有胜有败。但是后来，处于优势地位的太平军内部却爆发了一场严重的内讧，最终被清军消灭。趁着杨韦事变，湘军得到了喘息的机会，曾国藩借着这一机会，攻占了安庆。他和左宗棠、李鸿章等人从三面夹击。太平军仅仅坚持了不到两年。后来，曾国藩镇压了太平军，受到百姓和朝廷众臣的称赞。

慈禧掌权

清朝的统治正在一步一步走向衰弱，然而咸丰帝依然沉迷于酒色之中。咸丰帝非常喜欢兰贵人。1856年，这位兰贵人为咸丰帝生下了一个儿子——载淳，母凭子贵，兰贵人的地位越来越高，她也从贵人逐渐晋升为贵妃，随着位份的提升，她的野心也越来越大。

公元1860年，第二次鸦片战争爆发，咸丰帝派奕訢（xīn）与侵略者谈判，而自己则躲到了热河（治今河北承德），咸丰帝不知励精图治，依然我行我素。公元1861年，咸丰帝去世，其在临死前留下遗诏，由六岁的载淳继承皇位，又任命载垣、端华、肃顺等八人为"赞襄政务王大臣"帮着治理国家。咸丰帝留下了两枚印章，由皇后和太子分别掌管，并在遗诏中声明，朝廷的奏折必须有皇后和太子的印章才可以下发。载淳登基后，尊钮祜禄氏为慈安皇太后，载淳的生母为慈禧太后，年号为"祺祥"。

慈禧太后对于自己没有实权的事非常郁闷，她两面拉拢，一面在奕訢前来哭灵的时候，与奕訢密谋发动政变，企图控制朝廷，一面鼓动慈安太后与八位大臣争权。奕訢回到朝中，号召自己的亲信，安排政变的事情。

咸丰帝的棺材被送往北京，此次负责护送的大臣就是肃顺，然而两位太后已经抄小路回到京城安排政变的事，慈禧太后安排管理京城军队的兵部侍郎胜保逮捕八位辅政大臣，废除咸丰帝的遗诏，给八位大臣定罪，载垣、端华、肃顺被当即处死，其他五位大臣被革职。在历史上这次政变叫作"祺祥政变"。

慈禧太后

政变成功后，奕䜣拥西太后垂帘听政，废"祺祥"年号，改为"同治"，有两宫太后监朝同治之意。慈禧太后继续重用以前的臣子，勾结外国侵略势力围剿太平天国起义军。后来，慈禧太后毒死了慈安太后，杀死与她意见不同的大臣，整个国家的权力都被她掌握，清王朝逐渐控制在她的手中。

慈禧太后实际操纵清朝四十八年，这四十八年的统治也加快了清王朝的灭亡。

李鸿章与洋务运动

　　慈禧太后垂帘听政后，采取亲近西方列强的政策。外国的侵略者也把清政府作为侵略中国和压榨中国百姓的工具。

　　慈禧太后垂帘听政后，重用曾国藩。李鸿章是曾国藩的幕僚，他购买洋枪洋炮，镇压太平军。他领导的淮军与曾国藩领导的湘军实力相当，这都是先进武器所起的作用，公元1865年，李鸿章被任命为两江总督。李鸿章收购了美商旗记铁工厂，成立了江南机器制造总局。江南机器制造总局不断招募工人，以制造枪炮和修造轮船为主，规模不断扩大。后来李鸿章在南京建了金陵机器制造局，虽然进口的机器在全国都是数一数二的，但是制造出来的枪炮却非常落后，这样的军工产品无法抵御外敌的入侵，而李鸿章每年投入的银两，高达几

李鸿章

千万。之后，洋务派的目标从"自强"转变成"求富"。李鸿章意识到从矿山、铁路获得的税收是一笔惊人的财富，于是就将目光转向民用工业，此时的李鸿章大权在握，因此办事十分顺利。李鸿章还开办了轮船招商局，专门负责沿海和内河的航运，轮船数量逐年增加，李鸿章从中取得了暴利。后来他又开办了开平矿务局、上海机器织布局。

洋务派还创建新式海军，经过多年的潜心经营，终于建成了北洋海军、南洋海军和福建海军，这使得我国的海军实力得到大幅提升。

洋务派所建的陆军和海军，在中日甲午战争中受到毁灭性的打击，洋务运动遂告失败。洋务运动是一种混合式的产物，其中不仅包括官僚资本主义，还包含了封建主义的铜臭。此外，如果对帝国主义列强的利益造成影响，便会遭到严重的打击和报复。但是，洋务运动在某些方面也打压了帝国主义的嚣张气焰。

死婴引发天津教案

外国侵略者想进一步侵略中国，他们采用在中国传教的方式，从思想上影响中国人。

公元 1870 年，天津的百姓纷纷拥向法国传教士在望海楼设置的教堂。愤怒的天津民众在教堂示威。这次事件引来了国内外的广泛关注。

天津是开放港口，允许外国人在天津设立教堂，进行传教。这些传教士认为育婴堂可以更加接近天津的百姓，于是开始大肆的收留孩子，谁送得越多，谁得到的奖励也越多。然而一些唯利是图的小人为了利益却干起了诱拐儿童的勾当。

公元 1870 年，望海楼的教堂的育婴堂中多名婴儿死去，每天晚上这些传教士都会将死婴扛出城外，只是简单地处理一下就走了。这些死婴后来被野狗啃食，因此引起了天津居民的怀疑。

天津政府在一次抓捕人贩子的活动中，抓到了专门向望海楼的教堂卖孩子的人贩子。望海楼的教堂专门买孩子和育婴堂中多名婴儿死亡的事情顷刻间传遍了整个天津。许多百姓感到十分气愤，就来到望海楼的教堂，要求惩办凶手。但是传教士不仅拒绝交出买孩子的人，还威胁天津百姓。气愤的市民们用石块打得传教士狼狈而逃。

法国领事丰大业得知此事后，要求三口通商大臣崇厚立即镇压闹事的百姓。崇厚派兵驱散了示威的百姓。但是丰大业认为处罚太轻，就气势冲冲地来找崇厚，并向崇厚开枪。丰大业在路上向天津知县刘杰开枪，击伤随从一名，随后丰大业被愤怒的天津市民打死，市民又焚毁了法、英、美教堂及领事署。

这件事传到了巴黎和北京，法国政府向清政府施压，清政府为了息事宁人，派曾国藩和李鸿章彻查此事。他们来到天津后，不分青红皂白，胡乱抓人，让天津市民道歉并进行赔偿，建造新的教堂。最终将天津知府和知县革职充军，杀民众20人，充军25人。

清学生赴美留学

国家内忧外患，外国侵略者不断地用先进的武器对清政府进行压榨。这样的现象使有觉悟的读书人意识到，国家必须掌握先进的技能，生产高科技产品，才能摆脱这种局面。于是容闳（hóng）开始推动中国留学生赴国外学习知识的运动。

容闳是第一位在美国大学毕业的中国人，他在年轻的时候看到国家贫穷落后，与美国的繁荣昌盛有着巨大的差距，就意识到必须向其他国家学习，才能振兴自己的国家。容闳还在念书的时候，就开始劝说清政府向外国派遣留学生，让中国的青年学到先进的技术，再回到国家，让自己的祖国变得强盛。

毕业回国后，容闳开始了他漫长的"留学计划"。他到处劝说清政府的官员，但是这些人基本上都不相信容闳所说的话，说西方的东西都是"奇技淫巧"，不予理睬。公元 1863 年，容闳有机会成为了曾国藩的幕僚，曾国藩让容闳携带大量白银去美国购置机器，容闳圆满地完成了这次任务。后来容闳与曾国藩说起选派留学生的事宜，得到了曾国藩的支持。最终，清廷派出一百二十人，分四批前往海外学习。

公元 1871 年，容闳开始着手招生，但是由于国民思想落后，很多人都不同意将自己的孩子送到海外。容闳经过劝导才凑齐了第一批留学生。这批留学生大部分是穷苦百姓家的孩子。从公元 1872 年到公元 1875 年，清政府按计划派遣了一百二十名幼童到美国学习。

刚开始来到美国，这些幼童有些不习惯，但是经过几年的时间，这些人接受了西方文化，一些生活习惯也随之改变。有的人偷偷剪掉了辫子，有的人脱掉了长袍。这些都被作为监督的陈兰彬看在眼里，他认为这些是大逆不道、不可容忍的事。容闳与他的看法不一样，两人因此产生了分歧。国内的一些保守人士也胡乱上奏，要求撤回留学生。公元 1881 年，清政府决定撤回所有留学生。

尽管容闳的留学计划被迫停止，但是在这些留学生中也出了很多优秀的人才，如詹天佑、邝荣光等。

左宗棠收复新疆

帝国主义国家对新疆觊觎已久，这主要是因为新疆不仅地处边疆，而且物产丰富。帝国主义国家想从新疆入手，进一步分裂中国。

19世纪后期，新疆民众多次举行起义，反清的势力越来越强。一些宗教分子利用这一机会称霸一方，各个割据势力均衡存在。南疆的民族分裂分子为了达到自己的目的，竟然求助于国外势力。浩罕汗国的一个官员阿古柏占领了喀什，并自立为王，建立了"哲德沙尔"汗国。

此时，英国和沙俄侵略者都希望将阿古柏抢到手中。尤其是沙俄的军队，打着收复领土的幌子出兵伊犁，而且还将伊犁的土地划归到沙俄的版图中。西北战事危急，全国民众都忧心忡忡，一些农民纷纷组成军队，出兵收复新疆。但是，朝中对这一战事却有不同的意见。李鸿章反对收复新疆，理由是用巨额白银去取回一个贫瘠的地方不值得。而左宗棠则不以为然，他说新疆是我国的门户，有着重要的战略地位。如果放弃新疆，就会严重影响到蒙古、山西等地的安宁，因此应该尽快收复。左宗棠说完之后怕别人对自己误解，于是解释道：

"我是一介书生，而且年岁已高，没有立功边疆的愿望了。"

经过讨论，清政府决定出兵新疆。公元1875年，左宗棠被任命为钦差大臣，对军务进行指挥。

新疆地区以天山为界限，分为南疆和北疆。左宗棠采取围攻北疆、出兵南疆的策略，军队很快就进入了迪化（今乌鲁木齐）。经过三个多月的激烈战斗，迪化的守军白彦虎落荒而逃，清军拿下了迪化。之后，左宗棠按照之前的计划又收复了南疆，消灭了一万多敌人。英国人看到左宗棠的兵马如此强大，就想通过清政府来控制左宗棠，但是，左宗棠对此并不理睬。将阿古柏打得落荒而逃。

左宗棠用了近一年半的时间，终于收复了新疆的大部分地区。

曾纪泽收复伊犁

左宗棠收复新疆大部分地区之后，只剩下伊犁地区没有被收回。此时，伊犁被沙俄统治，清政府多次讨要均没有结果。公元1878年，清政府派崇厚同沙俄交涉。崇厚认为收复伊犁很简单。他和沙俄签订了《里瓦几亚条约》，清政府不仅要将伊犁附近的大部分区域割让给沙俄，还要向沙俄赔款。沙俄可以在我国开设通商口岸。

这一条约签订之后，全国上下一片哗然。清政府内部也出现了激烈的讨论。李鸿章是典型的主和派代表，他怕再起战事，于是支持这一条约的签订。而左宗棠则坚决不同意这一条约的内容，认为这是丧权辱国的条约。他主张用武力将伊犁从沙俄手中抢回来。后来，清政府迫于舆论的压力将崇厚撤职，重重惩处。

曾纪泽是曾国藩的儿子，他曾担任过驻英、法公使。因此，清政府派他去和沙俄谈判，解决伊犁的问题。曾纪泽领令之后，就马上出发了。他知道，这个交涉难度很大，而且沙俄是一个贪婪的国家。但是，为了国家的利益，曾纪泽可以吃任何苦。

曾纪泽到达了圣彼得堡，在谈判的时候，他说："中国的官员崇厚，由于失德，所签订的条约内容和清政府内部意见不统一，因此，需要进行更改。"于是，沙俄便派大臣重新和曾纪泽谈判。在谈判中，曾纪泽将需要修改的地方一一列出，然后送到了沙俄的外交部。事实上，曾纪泽将条约中的内容全部进行了修改，这让沙俄的外交部人员非常生气。他威胁曾纪泽，要是清政府继续这样无礼，沙俄政府就要用大炮说话了。曾纪泽并没有畏惧，说道："如果真的要用武力解决，那么清政府向沙俄索要的地方就不仅仅是伊犁了。"

之后，两国对于伊犁的问题争论不休，曾纪泽据理力争，不仅让沙俄政府修改了条约，而且还归还了伊犁。但是清政府依然要向沙俄的赔款，赔款的数额也有所增加。

刘铭传抗法

左宗棠收复新疆之后，边疆地区的战乱并没有停止，而是从西北转到了西南。

公元 1884 年，四十八岁的刘铭传接到了一封秘密来信，让他率领军队到台湾，对付法国的侵略军。不久战争就爆发了。

法国占领越南之后，欲从越南出发，进犯我国中原地区。刘永福誓死抵抗，法国军队进攻中原没有任何进展。公元 1884 年，远东舰队在台湾地区附近活动，准备一举攻占台湾。

法国军队十分狡猾，他们先攻击清朝军队防守最为薄弱的地方，这个地方就是基隆。刘铭传到台湾地区时间不长，对台湾的形势不是十分了解，但是他能够积极地指挥作战。基隆的火药库被法军摧毁。法军以为清军已经撤退，便放松了警惕。这时，清朝军队从两面杀出，进攻法国军队，法军死的死伤的伤。清军将法军的大炮缴获，还活捉了一员大将。

法军将部队分为两路，一路进攻基隆，另一路则进攻沪尾。刘铭传也兵分两路去防守。但是，由于没有分析好敌人进攻的重点位置，刘铭传有些惊慌失措。可很快刘铭传就平静下来，认真分析敌情，重新布局。对于刘铭传的第二次战略部署，手下的将士观点各异。但是，刘铭传坚持自己的观点，让敌军进入了他所设的圈套当中。后来，刘铭传的军队在战争中占据了明显的优势。三百多名法国将士竟然落荒而逃，法军惨败。

10月下旬，法国政府得知战败的消息之后，下令将台湾的港口封锁，切断台湾与大陆的联系，妄图孤立台湾守军。在这种情况下，刘铭传的军队一方面向朝廷求援，另一方面节省粮食。但是却遇到了疫病，形势危急。后来，刘铭传看到求援无果，只得动员台湾当地的百姓，筹集了很多捐款，刘铭传将这些钱财都用于攻打法军。

公元1885年2月，清军的援军到达台湾，在双方僵持了四个多月之后，法军只好撤军。

镇南关大捷

中法战争爆发之后，越南北部地区的战争也爆发了，战事分为东西两路。其中，东路战事的主要负责人是潘鼎新。公元 1885 年，法国在越南战场增加了军队的数量，直逼谅山。法军还没有到达战场，潘鼎新就吓得退回镇南关（今友谊关），后来竟然直接逃走了。法军到达之后轻而易举地拿下了谅山。在这万分危急的时刻，清政府派遣年迈的冯子材前去抵抗法军。

法国军队的气焰很高，在镇南关竖起了大旗，让中国人以为法军已经夺得了广西地区，然后前来投降。但是，法军的这种想法大错特错。镇南关的民众齐心协力，共同对抗法军，期望能够用法军的鲜血来祭奠死去的亡灵。

冯子材来到镇南关之后，召集各路将士研究抵抗法军的对策。他自募"萃军" 18 营，进驻镇南关附近的凭祥，就任前敌主帅。

冯子材面对法军的进攻，果断地做出了以守制敌的决策。法军在炸毁镇南关后，退驻关外 30 里的文渊城，伺机反扑。冯子材随即移师关前隘，在隘口筑起了一道高墙，还赶修炮台，并修筑土墙，形成一座坚固的堡垒。冯子材集中优势兵力，实行纵深梯次的部署，在镇南关至龙州地区组织防御，以阻止法军沿镇南关、凭祥向龙州进攻。

3月23日法军司令尼格里率部2000余人分三路进犯，均被清军苏元春、王孝祺等击退。24日，法军趁着有大雾，向关前进攻。他们这样做，主要是借着炮火的优势。冯子材激励将士们说："如果让法国人打进来，我们又有何脸面回到家乡。"于是，战士们拼死苦战，挡住了法军的总攻。

后来，法军的攻势越来越强，枪弹炮火不停。冯子材的侄子让他稍微退避，但是，冯子材坚决地说："害怕炮弹，还打什么仗。"并坚持在前线指挥。将士们的勇敢终于抵挡住了法军的进攻，经过多天的鏖战，清军终于将法军打得溃不成军，四散而逃。

冯子材派人乘胜追击，收复了谅山和文渊城。这次战役成功地打击了法军的嚣张气焰。

张之洞实业救国

张之洞

张之洞本是直隶南皮（今属河北）人，他的祖父和父亲都做过官。他从小聪慧过人，而且读书非常认真，后考中举人、进士，做了翰林院的侍讲学士。

公元 1882 年，张之洞在山西任巡抚。山西地区的官场非常腐败，这是尽人皆知的事实。而且当地鸦片盛行，百姓生活十分困苦。张之洞在任期间积极地进行整治，不断提拔有用之人。当时，有一个英国的传教士名叫李提摩太。他手中的一本《救时要务》受到了人们的广泛关注。张之洞读过李提摩太的很多书，对他十分钦佩。这些书激起张之洞创办实业的欲望。

公元 1884 年，法军侵入越南，中越之间的关系十分紧张。张之洞提出要增强部分地区的兵力，同时还要修整海防，于是，张之洞被朝廷任命为两广总督。中法战争之前，张之洞推荐了冯子材等人，战争真正爆发的时候，他向朝廷提供了军饷。通过不断研究和摸索，张之洞知道了中国和西方国家之间在经济和科技方面的差异。于是，向西方学习的浪潮被掀起。

张之洞在广东开设了水陆师学堂，积极地发展军舰和海船，同时，还筹办建立枪炮厂。

张之洞大规模地开办实业，促进了地区经济贸易往来，同时，还大大地满足了军队的需求。另外，张之洞还修建铁路，兴办军事工业和民用工业。但是这些实业需要先进的科学技术做依托，所以在开始研究的时候，不免会遇到很多困难。但是，张之洞坚持不懈，终于解决了遇到的困难。除了汉阳铁厂之外，张之洞还创办了湖北织布局，整个织布局里面有机器一千台左右、工人两千多名。不仅如此，张之洞还在制革、造纸、印刷等方面都有所涉猎。湖北枪炮厂就是典型的代表。

创办实业需要优秀的人才，张之洞知人善任，重视教育，创办自强学堂。张之洞创办实业，意义重大，影响深远，有效地促进了当时经济的发展。

北洋海军全军覆没

　　公元 1894 年，这一年是农历甲午年，朝鲜和日本之间爆发了战争。日本军舰将我国驶向朝鲜的运兵船击沉。清政府不得不向日本宣战，这就是中日甲午战争的开端。

　　北洋海军和日本的联合舰队相遇，进行了激烈的战斗。北洋海军的所有船只基本上都遭到了日本舰队的重创。邓世昌和林永升牺牲，这个消息对李鸿章来说是个沉重的打击。

　　1894 年，北洋海军退回到旅顺。李鸿章等人将军队开到威海卫，却下令没有命令不能出兵。可是，北洋海军在威海卫遭到敌人的伏击，李鸿章的军队没有去支援。北洋海军的首领没有退缩，死守在威海卫，主要是为了不丢掉制海权。

　　第二年，日本军队对北洋海军的情况进行侦察，出动了二十多艘战舰，兵分两路大举进攻威海卫。日军的攻势很猛，巡抚李秉衡的防御力量不足，威海卫失守。不料，日本舰队从海上对威海卫进行了围堵，北洋海军的处境十分危险。如果不能积极抵抗，必然会成为日本舰队的瓮中之鳖。在这种情况下，丁汝昌和刘步蟾等人拼死抵抗。

　　日本舰队的领导者看到正面的攻击没有收到任何的效果，于是就想冒险用鱼雷进行夜袭。北洋海军丝毫没有防备，来远号和威远号都沉没了。北洋海军在短时间内失去了很多船只，士气大降。后来，伊东祐亨对北洋海军发起总攻。在激战中，北洋海军虽然打败了日军。但是北洋海军的很多艘船只或中弹或沉没。

　　威海卫之役之前，伊东祐亨给丁汝昌写信，劝说他投降。丁汝昌心志坚定，不为所动。后来，北洋海军中的洋员煽动部分士兵、水手哗变，一起逼迫丁汝昌投降，丁汝昌十分悲恸，他自是不惧死，但是不愿日军在战争中取得胜利。他不愿受辱，最终服毒自尽。所余军舰十一艘被日军掠去，北洋海军全军覆没。

中日《马关条约》

在日军兵分两路攻入中国的时候，清政府采取了退让的政策，还派遣使臣到日本求和。日军的威海卫之役刚刚结束，士气大振，光绪帝派遣李鸿章去日本求和。光绪帝和李鸿章商讨求和的内容。李鸿章说："割地赔款是丧权辱国，百姓无法拿出那么多钱。"光绪帝再三嘱咐，只要不割地，赔偿一些银子还不是问题。但是，二人的商议没有最终结果。于是李鸿章就去找慈禧太后。慈禧太后并没有给出实质性的建议，只是说让皇帝自己决定。

于是，光绪帝派李鸿章赴日处理相关事宜。

李鸿章于 1895 年 3 月 19 号到达日本的马关。第二日便和伊藤博文等大臣谈判。谈判内容主要分为停战条件和议和条件两个方面。日本要求以大沽、天津和山海关作为交换条件，李鸿章十分气愤，指责日本无理取闹。由于停战条件如此苛刻，李鸿章不敢私自答应，在进行了两次谈判后，都没有谈出一个结果。

一天，李鸿章从春帆楼离开，回到旅馆的途中遇到了刺客。子弹打中了李鸿章的左颧骨，血流不止。这枪是小山丰太郎打的。这一事件发生后，日本政府担心西洋各国借口干涉，宣布除台湾、澎湖列岛地区外，其他地区立即停战，接下来就是议和的条件。日本要求中国赔偿白银两亿两，割让辽东半岛、台湾岛和澎湖列岛给日本。同时还要求开设通商口岸，日本人可以在中国自由办厂。李鸿章明知道条件苛刻，但是也没有办法，只能尽可能地减少损失。后来伊藤博文有些发怒了，就威胁李鸿章。李鸿章进退两难，于是就答应了这些条件，在条约上签了字。

4月17日，双方在《马关条约》上签字，这是一个不平等条约，不仅割让了台湾等地给日本，同时还允许日本人在中国的通商口岸开办工厂，不仅丧权辱国，而且还为列强打开了资本输出的大门。自此列强开始更加肆无忌惮地瓜分中国，中华民族的危机越来越严重。

公车上书

全国上下得知清政府与日本政府签订了《马关条约》之后，群情激奋。反抗和保国的呼声越来越高。其中"公车上书"是比较著名的保国运动。

公元 1895 年，北京城中聚集了很多来自全国各地的读书人。他们都是进京赶考的人。汉代举孝廉都要公家派车前来接送，因此，人们后来用"公车"代指举人进京考试。

"公车上书"的主要领导者是康有为，他曾经去过香港，看到了英国人治理社会的方式和清政府治理社会的方式之间的差距。因此，他提出了学习英国的建议，也就是用西方的制度来改变中国的现状。因此，康有为趁着参加乡试的机会写了一篇文章给皇帝，请求施行变法。这篇文章被大臣们拦截了，没有呈到皇帝跟前。但是，康有为的名字在朝廷上下的一些有识之士间传开了。

中日甲午战争结束，清政府大败日本，这更加激起了康有为的思考，康有为的自尊心受到了严重的打击。康有为在京参加会试期间，传来日本政府逼清政府签订丧权辱国的《马关条约》的消息，他心中气愤不已。康有为认为，这个条约万万不能签，因为一旦签字就将中国的领土给了日本，而且还给日本可乘之机。

康有为用了一天两夜的时间写了一封"上今上皇帝书"，里面提到了很多，包括拒签和约、迁都抗战、变法图强三项主张。他将文章写好后，首先交到举人们手中进行传看，看文章的人都在上面签了名。最终，有1300余人在上面签了字。但上书被都察院以《马关条约》已批准无可挽回"为由拒绝。

虽然"公车上书"以失败告终，但是，朝廷中的很多大臣对康有为的主张都十分赞成，也在社会上造成了巨大的影响。

戊戌变法

康有为、梁启超是主张变法的主要力量。"公车上书"失败之后，康有为和弟子梁启超决定变法图强。

光绪帝继位的时候只有四岁，因此，慈禧太后总管朝政。光绪帝娶妻生子后，慈禧太后开始让光绪帝来主持朝廷大事。因为，中法战争之后，慈禧太后做出了很多违背民意的举动，让光绪皇帝掌权也只是无奈的做法。

中日甲午战争后，局势严峻，康、梁等人组织保国会，并且积极地发表演说，要求清政府变法图强。

光绪帝的老师是一个支持维新图强的人，他常常会将社会的发展情况告诉光绪帝，并且对康、梁的思想和行为十分赞赏。于是，光绪帝以皇位向太后施加压力，想方设法将朝政大权从慈禧太后手中夺回。

光绪帝对康有为提出的变法很感兴趣，于是就召见康有为，但是却被奕䜣等人阻止了。因为皇帝不能召见四品以下官员。于是，光绪帝下令让康有为将自己的政治主张写在奏章中。康有为写了《应诏统筹全局折》，里面写了变法图强的重要性。光绪帝看到之后和群臣讨论康有为的主张。但是守旧派极力反对。尽管如此，皇帝还是亲自召见了康有为。二人谈得很投机，光绪帝改革的决心更加坚定了。

光绪帝有心提升康有为的官职，却遭到强烈的反对。因此，康有为只能向皇帝递奏折。在短短几个月内，几乎时时有新政颁出，包括奖励农业生产、修筑铁路、改革财政以及设立学堂等措施。由于当时是戊戌年间，所以，这次变法被称为"戊戌变法"。

戊戌变法受到了守旧派的强烈反对，尤其是在光绪帝废八股（明清科举制度的一种考试文体，现在多用来比喻空洞死板的文章、演讲等）的时候，慈禧太后也加入到反对戊戌变法的队伍当中。终于，戊戌变法的支持派和反对派之间出现了激烈的角逐。

菜市口六君子赴义

戊戌变法开始了，光绪帝选出一批支持变法的人士，这其中就有谭嗣同，光绪帝要求谭嗣同等人起草变法诏书，同时还把前几代皇帝开设的专门研究学问的机构写入诏书当中。

光绪帝就是想将诏书拿给太后，这样可以有充分的理由。第二天，光绪帝要颁布诏书，但是却被太后阻止了，没能成功。从此，光绪皇帝和太后之间的矛盾愈演愈烈。

太后为了削弱光绪帝的势力，将皇帝的老师赶回家中。光绪帝召见了维新派的人来商议此事，康有为和梁启超都想方设法扭转局面。皇帝写下诏书，托人带给康有为等人，上面写着自己作为皇帝的无奈，希望他们能够施以援手。接到这一诏书之后，康有为几个人感到十分惋惜。他们手中根本就没有任何权力，想要帮助皇帝也无能为力。

于是，康有为等人去找袁世凯帮忙。袁世凯本是河南项城人，曾参加过乡试却没有考中，但是受到李鸿章的赏识。甲午战争后，袁世凯看到形势不妙就从朝鲜回到了国内。后来他参加了戊戌变法，受到维新派的赞赏。

中日甲午战争之后，清政府想要训练新式陆军，袁世凯负责训练新兵，最后成为荣禄的亲信。从此，这支陆军的名气越来越大，袁世凯的地位也越来越高。康有为认为动用袁世凯的力量或许还有一点希望，于是，恳求皇帝能够拉拢他。

公元 1898 年，皇帝召见袁世凯。在谈话中，袁世凯提出了支持戊戌变法的主张。光绪帝非常高兴，还给他升了官。谭嗣同找到袁世凯，跟他说明了情况，将太后的阴谋告诉袁世凯，并把救皇帝的重任交给了袁世凯。

袁世凯假意答应帮助谭嗣同等人，却在谭嗣同走后，向荣禄告了密。荣禄接到密报后直接到颐和园去见太后。慈禧太后发动政变，将皇帝幽禁，这就是"戊戌政变"。太后下令逮捕支持戊戌变法的人员，同时废除相应的法令。谭嗣同、杨锐、林旭、刘光第、康广仁以及杨深秀六个人在北京的菜市口被杀害，这就是历史上的"戊戌六君子"。戊戌变法以失败告终。

英国强占新界

中日甲午战争之后，帝国主义掀起了瓜分中国的狂潮。公元1898 年，李鸿章在英国的逼迫下，不得不签订了《展拓香港界址专条》。

香港是我国东南部的一个地区，在珠江口的附近，由香港岛、九龙和新界构成。英国侵略者在 1841 年登上了香港岛。《南京条约》中，香港岛被割让给了英国。

公元 1860 年，第二次鸦片战争以英法联军获胜告终，英法联军火烧了圆明园，英国侵略者还逼迫清政府签订了丧权辱国的中英《北京条约》，将九龙司地方一区割给英国。甲午战争之后，北洋海军战败，清政府不得不割让台湾岛和辽东半岛给日本。西方列强看到清政府这样懦弱，就进行了大肆吞噬。后来，英国的胃口越来越大，终于盯上了九龙半岛附近的土地。

公元 1898 年，英国借口香港的防务受到影响，强烈要求继续拓展租界。于是英国的驻华大使就向清政府提出了一个关于租界拓展的方案。其中涉及的土地为原来的十几倍，而且水体的面积也扩大很多。李鸿章看到这一方案之后火冒三丈，但是却无可奈何，他能采取的措施就是拖延时间。

英国驻华公使窦纳乐看到李鸿章多日没有答复，就到总理衙门去吵闹，并且威胁说，如果不答应这一要求，就派遣军队攻打北京。清政府害怕英军打来，就答应了这一要求，只是提出九龙城和大鹏湾码头地区的管辖权还是归中国。

李鸿章签订了《展拓香港界址专条》，主要内容为：九龙半岛及其附近水面、岛屿（不包括九龙城）租给英国，租期为九十九年。这块租给英国的土地后来被称为新界。

英国签订新条约之后就占领了九龙城，并且进攻深圳。但是由于条约的限制，英国还不敢擅自管辖九龙城。因此，九龙城成为一个比较特别的地带。

香港被英国强占是一部不折不扣的屈辱史，清政府的无能尽显无余，然而一些爱国将士的斗争并没有停止。1997年7月1日，香港得以回到祖国的怀抱。

租界变成国中之国

帝国主义国家瓜分中国的狂潮仍在继续，他们先用武力对中国进行侵略，然后瓜分中国领土。中国境内出现了很多租界，各国纷纷在中国划分势力范围，形成了一种国中之国的局面。

《南京条约》规定开设广州、厦门、福州、宁波、上海为通商口岸。英国人在各大口岸划界租地，并将家属带到租界中居住。第二年，中英签订了《虎门条约》，要求更为苛刻。

公元 1843 年，英国领事巴富尔来到上海，经过交涉租下了城中的荒地作为领事馆，后来又发出公告，将黄浦江边的部分土地给英国商人。英国人在这一区域内修建桥梁，种植树木，挖通沟渠，铺设排水设施。如果其他国家的商人要在这里租土地，需要向英国申请，租界俨然成为了国中之国。

英国侵略者的野心非常大，不满足于现状，还要大肆掠夺。公元 1848 年发生的"青浦事件"就是典型代表。英国的传教士不顾规定，私自闯入青浦（今属上海）传教，并且和当地的水手发生了矛盾。英国租上海领事却胡乱确定青浦的从属范围，并且扣下了上千艘粮船，这对清王朝造成了严重的威胁。后来，相关的官员被罢官免职，水手被当街示众。领事以此为借口，强迫清政府扩大租界的范围，最后租界的面积竟然达到了两千八百二十亩。

法国看到英国的做法十分眼红，于是就和天主教传教士商量，想要在上海租房子，设置领事馆。这种做法就是在逼迫上海的道台将英租界南部的地区划给法国，成为法租界。见此情景，美国人也不甘示弱，强行占据更大范围的租界。到二十世纪三十年代，上海租界的面积扩大到了八万亩之多。

其他国家也纷纷来强占租界，当时上海被九个国家租占。除了上海，还有十六个城市也被瓜分。租界最多的时候达到三十多个。在这些租界中，中国的主权和领土完整的权力被剥夺殆尽。

严复翻译《天演论》

从 19 世纪开始，我国的政治黑暗，经济不景气。许多读书人对祖国的未来十分担忧。一些有识之士将这种爱国情感付诸行动，希望能够通过政治改革的方式救中国。其中有一位思想家，他的名字叫严复，他表达自己爱国情感的方式，是以翻译西方的作品为主，将西方的先进文化和技术介绍到中国，希望中国有才华之人能够效仿西方救中国。

公元 1877 年，因为品学兼优，严复被保送到英国留学。在英国他看到了军舰，清政府希望严复可以成为海军的将士。但是，他对西方的政治学说等十分感兴趣。回到中国之后，他正好经历了中法战争、中日甲午战争，看到了列强对中国土地的瓜分。在这种情况下，严复只能主张采用变法的方式来提升中国的实力。于是，他写了很多文章，同时翻译了外国的文章。其中，他翻译的《天演论》享誉海内外。一时间，严复成为非常著名的人物。

《进化论与伦理学》是赫胥黎的代表作品，严复将这本书的前两篇翻译出来，命名为"天演论"，至此，进化论的相关学说就传到了中国。在这本书当中，主要阐述的一个道理就是：物竞天择，适者生存。为了给全国人民敲响警钟，严复的《天演论》不是将原文全部翻译，而是针对我国的实际情况有选择性地进行翻译，将一些进步的学说描述得非常细致。

西方列强有胆量瓜分中国，主要是因为他们可以自强。而中国和美洲的一些国家之所以受人欺负，就是因为他们不追求自强和富有，而是浑浑噩噩地生活。"天朝上国"是一种危害国家的观念，如果不改变这种观念，就会有亡国灭种的危险。严复的这种思想给沉睡的中国人以警醒，让中国人睁开眼看世界，看到西方国家是如何一步一步走向富强的，如果还是执迷不悟，不想改革，就只能坐等国土被瓜分。

严复的思想在当时起到了重要的作用，中国人开始走上了救亡图强的道路。

发现和收集甲骨第一人

甲骨文是我国商朝时期使用的一种文字，这是一种刻在龟甲和兽骨上的文字。兽骨主要是以牛骨为主，但是有些甲骨文也刻在羊骨或者是猪骨上。

在商代，王公贵族做任何事情之前都需要进行占卜，由于当时的生产力还不是十分发达，因此，人们完全依靠天命。人们认为世上有鬼神的存在，所以，做任何事之前都需要问鬼神。久而久之，这就成为一种习俗，无论是打仗还是生孩子都需要先占卜，以看吉凶。占卜的时候，将龟甲或兽骨用火焚烧，这样就会出现一定的裂缝。裂缝的形象和"卜"字相似，人们就根据裂痕的模样来确定吉凶。

在河南安阳的一个小村庄，曾经有一个药店，专门收购甲骨。这个小村庄就是当时盘庚定下的都城。后来，这个地方被叫作殷，所以，商朝也被人们称为殷朝。很多龟甲和兽骨都埋在这里，人们将甲骨挖出来制药，或者在上面刻字。不久，这件事被古董商知道了，他们认为这些甲骨可能会记录一些古代的事情，所以应该价值不菲。因此，就将这些刻有文字的甲骨拿到北京或者是天津等大城市进行售卖。

王懿（yì）荣在北京担任国子监，他是一个金石学家。公元1899 年，他接触到了甲骨，在赏玩的时候，他突然发现了古文字的印迹。由此，他断定这是我国古代的文字。于是，他如获至宝，收藏更多的甲骨。王懿荣不断地去了解和研究，将这些文字作为一种学问来钻研。可以说，甲骨文的第一发现和收藏者非王懿荣莫属。

通过王懿荣的不懈努力，甲骨引起了学者们的广泛重视，特别是一些金石学家对甲骨的重视程度越来越高。甲骨的身价也逐渐提高，这些甲骨文具有很高的史学价值。

张謇创办民族工业

中日甲午战争成为西方列强侵略中国的新起点。他们在中国得到了好处，于是就胃口大增，想要瓜分中国。那时，中国的经济凋蔽，政治混乱，人们的生活越来越困苦。当时出现一个叫张謇（jiǎn）的人，他放弃做官，决定兴办实业来使国家强盛。

张謇出生在江苏的通州（今江苏南通），父母都是商人。他五岁进私塾，光绪年间考中状元。

公元 1887 年，张謇曾经和张云锦一起去开封，协助张云锦治理黄河。后来，他还在家乡积极地对农具进行改良，用机器来进行耕种。同时，他还和当地的小富商建立了密切的关系。

公元 1894 年，张謇又一次参加了科举考试，这次中了状元，被任命为翰林院的修撰。不久之后，中日甲午战争爆发，张謇对李鸿章的卖国行为进行了严厉谴责，表现出了他的爱国情怀。后来其父亲去世，他不得不回到家中服丧。

北洋海军大败的消息传到了张謇的耳中，他对清政府的遭遇感到痛心，对中国未来经济的发展也十分担忧，于是就萌生出实业救国的想法。

张謇创办了民族工业，在张之洞的支持下还创办了大生纱厂，人们都称它为状元纱厂。后来，纱厂也遇到了很多麻烦，原材料的供应以及市场都受到严重的影响，最严重的时候差点儿倒闭。但是，张謇都坚持了下来。1904 年，张謇还创办了大生二厂。1901 年到 1907 年间，张謇共创办了十九个企业，这些企业都初具规模。从此以后，张謇对发展民族工业的认识程度更深。张謇还开办学堂，对师范教育极为重视。他建立了一所著名的师范学校——通州师范学校，另外，他还开办了女红传习所等。

张謇所做的这些事在东南地区甚至全国都十分出名，他俨然就是一个改良思想家。但是，好景不长，在帝国主义和国内封建势力的压迫下，民族工业的道路走得十分坎坷。但是，张謇实业救国的思想依然受到后人的称赞。

义和团抗外敌

义和团是从义和拳发展而来的。很早之前在山东地区有一支起义队伍叫作义和拳，这支队伍主要是为了反抗帝国主义的侵略。

公元 1897 年，德国攻占了胶州湾地区，然后又修筑了铁路。在铁路沿线，德国不仅霸占土地，而且还将其划到自己的势力范围中。后来，一些外国的传教士也来到中国，企图在中国传教。义和拳就是在这种情况下出现的。

山东的义和拳成员遍地都是，他们积极地和外国侵略者对抗。山东巡抚想要将义和拳收编，但是没有成功。因此，清政府将山东巡抚撤了职，让毓（yù）贤接任。没想到毓贤到山东之后，滥杀无辜，而且为人十分狡猾，不愿意用自己的力量去消灭义和拳，他知道义和拳积极地抗击外国的侵略者，因此他就放手让他们去做，计划一旦出现了什么闪失再进行管制。

后来，毓贤将义和拳改名为义和团，将其名正言顺地改编为民间团练，喊出了"扶清灭洋"的口号。教会人员看到义和团的势力不断壮大，心中很是恐惧，于是就对义和团进行剿杀。另外，帝国主义国家还迫使清政府对义和团进行迫害，但是，这些并没有影响到义和团的发展。

公元 1900 年，山东义和团的人数已经多达十万，全国各地的义和团人数可达二十万。这时，端王想借义和团之手将光绪帝杀掉，然后拥立自己的儿子为皇帝。于是，端王就到处煽动排外的情绪。不久之后，列强要求清廷剿灭义和团。但是，大臣们对义和团的处境十分同情。6 月 13 日，义和团的军队攻入北京城，还放火烧了很多教堂。英国、法国等国家为了对义和团进行报复，组成了联军一起向北京城进攻。义和团对沿途的道路进行破坏以阻击列强的军队。17 日，各国军队又一次组成了联军，对大沽炮台进行大范围袭击，义和团和清军联合起来抗敌。后来，八国联军攻陷北京，并逼迫清政府签订了《辛丑条约》。义和团运动也走向了失败。

虽然义和团运动失败了，但是义和团有力地打击了帝国主义瓜分中国的野心。

詹天佑修铁路

　　为了祖国的未来，一些仁人志士想到了很多办法。其中有一个叫詹天佑的人，他是铁路工程师。詹天佑曾经到美国留学，十八岁时学习土木工程，三十四岁时就成为了工程师。他看到国外的火车非常方便，心想："如果中国也通了自己的火车该多好。"于是，他带着一腔热忱回到了自己的祖国。

　　回到中国之后，詹天佑担任了海军轮船驾驶官。他学习的是铁路工程专业，而回国之后却在海军工作。20世纪初，清政府准备修建连接北京和张家口的铁路。1905年，詹天佑被任命为总工程师，对京张铁路的修建进行指挥。一些外国人知道后，认为中国人还没有能力自己修建铁路，都讽刺詹天佑不自量力。但是，詹天佑没有理睬外国人说的这些话，他认为中国不仅地大物博，而且人口众多，只要下定决心去做一件事，必然能成功。如果在中国修建铁路还要依靠外国人，那才是最可耻的事情。

　　京张铁路约二百公里，中段的地形、地势十分复杂，不仅要经过重峦叠嶂的山峰，还要过桥。所以，工程量很大，工作环境也很危险。詹天佑准备好测量仪器，认真地做好每一处的测量工作，经常通宵熬夜工作。工程开工之后，很多问题都出现了，有些土地是不能被破坏的，有些机械材料无法直接运到目的地，等等。但是，詹天佑一一解决了这些问题。

修建铁路最困难的事情就是修隧道，没想到这条铁路竟然需要修建多条隧道。詹天佑立下誓言："不拿下这些隧道就永远不回北京。"于是，他们设计了多种方案，经过认真审核和研究，隧道终于开凿成功。

最后一个难题就是此地地势特别陡峭，如果用传统的螺旋式方法，火车很难前进，而且危险也会很大。于是，詹天佑设计了一种折返式的路线，建造成了"之"字形路轨，不仅降低了坡度，还提升了爬坡的安全性。

1909 年，京张铁路历时四年建成通车。这条铁路的建成为中国人争了光。

八国联军进北京

　　1900 年 6 月，共有两千多人的八国联军，从大沽经过天津朝北京城进犯，开始对中国进行进一步的侵略。八国联军的侵略遭到了中国人民的强烈反抗。当时在北京有义和团将士们的反抗，还有一些爱国的清兵为国家的安危贡献了自己的一份力量。义和团和清军向外国的教堂发起了猛烈的进攻，积极地打击外国的侵略者。在人们积极反抗八国联军的侵略时，清政府的态度却十分消极。清政府不进行积极抵抗，而是一味地妥协退让，清政府的懦弱、无能被列强看在眼里。

　　8 月 16 日，以英、法、美、德为首的八个国家对北京进行了大肆侵略，由于驻守的兵将数量不足，防守很快就被击溃。慈禧太后看到情况不妙，带着光绪帝和亲贵大臣连夜逃出了北京城，一直逃到西安。慈禧太后和光绪帝一边逃跑一边不忘让清军将义和团消灭掉，并派李鸿章与列强议和。

　　1901 年 9 月，清政府派李鸿章与英、美、俄、德等八国代表签订了《辛丑条约》，这一条约要求清政府下令禁止中国人参加抵抗活动。另外，清政府还需要向列强赔款4.5亿两白银，分39年付清。各国在东交民巷一带划使馆界，界内由各国驻兵管理，中国人不能在此地居住。另外，清政府还要拆毁大沽炮台以及从北京到海通道的所有炮台。外国人还可以在北京到山海关沿线的十二个重要地区驻兵。

《辛丑条约》是中国近代史上赔款数目最多，主权丧失最为严重的条约，此条约签订之后，中国彻底沦为半殖民地半封建国家。

康有为创保皇会

戊戌变法之后，我国出现了张謇等一批实业家。这些实业家希望通过创办实业来救中国于危亡之中。还有康有为和梁启超等人希望能够让光绪帝拥有实权，继续变法改革，尽量在不进行资产阶级革命的前提下，富国强民。

康有为在戊戌变法失败后，逃到海外。在海外，他开始极力地宣扬保皇。梁启超不仅创办了学校，还对清政府的专制统治进行了抨击和批判。康有为曾经到过日本、英国等国家，希望能够借助这些国家的势力来救中国。不仅如此，他还寄希望于华人华侨，劝说他们为国家出力。康有为写了一篇《尊皇论》，他认为要想保卫国家，提升综合国力，就要尊重皇权，而且还论述了光绪皇帝的圣明。

公元1899年，康有为和李福基等人商量着保皇的事情，然后将保商会改成了保皇会。康有为、梁启超还有徐勤在保皇会中任要职。保皇会以保皇帝为宗旨，宣扬用变法的形式来改变中国的现状。同时，保皇会还组织华人华侨捐款，并向华人华侨做出了封官的承诺，承诺如果光绪皇帝能够掌握实权，他们就可以得到相应的官职。保皇会的这些做法不仅和清政府中的保守势力产生了矛盾，还和孙中山等人的革命宗旨存在着冲突，因此树敌很多。

康有为称自己为皇帝的师傅，给皇帝祝寿。同时，康有为还派遣门徒到南洋和北美，积极宣传保皇，吸纳了很多人。同时，康有为还在澳门创办了《知新报》，在横滨创办了《清议报》。一时间保皇会得到了较大的发展，参与的人非常多。在保皇会的成员当中还有一些兴中会的会员，可见保皇会势力之强大。

但是，保皇会却严重缺少理论支持和组织人员，受到孙中山等人的驳斥，久而久之被革命势力不断入侵，保皇会成员的意志力溃散。不久之后，保皇运动失败了，虽然康有为有报国之心，但是所采用的方法和当时中国的实际并不相符。

革命先驱孙中山

康有为、梁启超在创办保皇会的同时，孙中山领导的以推翻清政府为宗旨的民主革命也拉开了序幕。

孙中山，名文，号逸仙，因为在日本时化名中山樵就改名为孙中山。孙中山十二岁时在哥哥的资助下进入学堂学习。中法战争中清政府虽然战胜，却还是签订了不平等条约，这使他产生了推翻清政府的想法，所以他一直在港澳宣传革命。

1894年秋天，孙中山在檀香山（当时属夏威夷王国）创立兴中会，抨击清政府，团结革命力量，立志救中国于水火之中。他们以"驱除鞑虏（此处指清朝统治者），恢复中华，创立合众政府"为纲领。中日甲午战争时，北洋海军全军覆没，形势危急，此时，孙中山策划了武装起义。

1895年2月，孙中山与香港辅仁文社合作，建立香港兴中会总部，明确了恢复中华的决心，并暗中联络爱国人士密谋起义。半年后，孙中山决定在广州起义，但不料计划败露，部分人员被清政府围剿，起义宣告失败。

此后孙中山被列为通缉犯，但他并没有立即逃命，而是冒着生命危险继续整理文件，当一切善后工作都做好之后才流亡海外。

因为此次起义，兴中会受到了大家的重视，孙中山也逐渐被大家熟识，但因为清政府的大肆抓捕，孙中山不得不隐姓埋名，流亡他国。

1896 年，孙中山流亡到英国，暂住在老师康德黎家中，但行踪被清政府得知。不久后，清政府驻英大使囚禁孙中山，并打算将其押解回国处死。孙中山在被囚禁时写信求救，终于，七天后清洁工柯尔将信送入康德黎手中，在康德黎的努力和舆论的影响下，英国政府强制释放了孙中山。孙中山被释放后，他所写的《伦敦被难记》出版，并在欧美得到了广泛的关注。这使得他更加坚定了革命立场，并批判保皇派的思想，他解决了革命者的内部矛盾后，就开始将民主革命推上正轨。

1905 年，孙中山重回日本，在此期间，他会见了其他革命团体的人员，并一同合并为中国同盟会，将"驱除鞑虏，恢复中华，建立民国，平均地权"作为纲领，8 月 20 日孙中山被推举为总理。从此革命脚步踏入正轨，推翻清政府指日可待。

章太炎与苏报案

　　孙中山在革命过程中结识了很多同盟者，章太炎就是其中一个。章太炎不仅是著名的思想家和学者，还是著名的民主革命家。他大肆抨击清政府的腐朽统治。

　　章太炎名叫章炳麟，他参加过维新运动，对变法也十分支持。但是在戊戌变法失败后，他认为革命是唯一的出路。因此，他和老师的意见不同，一次去看望老师时，他们发生了争执。为了革命，章太炎和老师断绝了师生关系。

　　在多个政治集会上，章太炎都发表反清演讲，一心参与革命。逃亡日本期间，他结识了孙中山，并将其当作革命的益友。孙中山十分欢迎他，两人谈到革命问题、土地问题以及国家的政治走向等问题的时候，情绪更是高涨。

　　邹容是革命派的主要代表人物之一，他写了《革命军》一书。他在书中将清王朝的丑陋形态描写得淋漓尽致。他和章太炎是好朋友。《革命军》完稿之后，章太炎帮他写序，文中提出想把中国变成一个真正意义上的中华共和国。后来，文章被刊登在《苏报》上，此后章太炎还多次在《苏报》上大大赞扬《革命军》一书。于是清政府将《苏报》查封，抓捕了章太炎。邹容得知此事之后，非常气愤，并进行反抗。后来，他和章太炎都被关进了大牢。清政府对二人进行审判，可是民众对审判结果十分不满，于是纷纷举行集会并请愿，使得清政府不得不重新审判。

最终，两人被判监禁，1905年邹容病死在狱中，章太炎被关了整整三年，释放之后被驱逐出上海公共租界。这就是人们常说的苏报案。

长沙起义

苏报案发生之后，革命党人遭到了严重的迫害。黄兴从日本回到上海，领导了一次武装起义。

黄兴是湖南人，其父亲是个秀才。他从小就喜欢读书，二十二岁就中了秀才。他于1902年到日本留学，对西方的科技和文化有所了解。他回国后，听到一些革命将士被清政府迫害，十分痛心，于是就积极地加入革命队伍，反对清政府的统治。

黄兴在上海遇到了胡元倓（tán），当时胡元倓是明德学堂的校长，黄兴被聘用为教员。他白天教书，晚上进行革命活动。1903年，黄兴借着自己三十岁生日之机办了两桌酒席，邀请陈天华等多名革命人士聚会，并商量组建革命团体华兴会的事宜。

革命团体华兴会设立华兴公司为活动机关，宗旨和目的就是推翻清政府的统治。华兴会为了不引起怀疑，没有真正的革命口号，但在成立之后就不断进行武装起义，同时还联络各地的反清力量，希望能够光复湖南，革命力量一天天壮大。黄兴联络的革命团体最主要的是哥老会和新军。哥老会是一个神秘的组织，成立之初的主要目标是反清复明，力量较大，其首领叫马福益。黄兴去拜见他，希望能够借助马福益的势力。但是，马福益不懂革命，也不认识黄兴。后来，通过马福益手下的劝说，马福益才同意和革命团体联合。

黄兴听到之后非常高兴，于是和马福益等人一起谋划。同时，黄兴又和新军联系起来，他们决定在慈禧太后寿辰的时候发动起义。这一天，清政府中的文武百官都来拜寿，黄兴就在那里事先准备好了炸弹，想等大臣一到就将所有人都炸死。但是，消息泄露，清政府已做好了准备，并派人去逮捕兴中会的成员。后来，黄兴用计谋逃脱了。

兴中会所谋划的长沙起义虽然没有成功，但黄兴等革命人员顺利地逃脱了清政府的追捕，而且这次行动也得到了很多民众的支持。

轩亭口秋瑾牺牲

革命党人的起义一直没有间断过。黄兴的长沙起义失败之后，秋瑾和徐锡麟又领导了规模更大的起义。

秋瑾是浙江山阴人，她从小就看到中国人民饱受侵略者压迫的情景，于是对侵略者十分厌恶，立志为中国的兴起贡献自己的力量。后来她和父母来到绍兴，和堂兄弟一起学习武艺和其他技能。

公元 1896 年，秋瑾嫁给了富家子弟王廷钧。王廷钧是一个游手好闲、不讲感情的人，他在北京买了官，于是秋瑾就随他来到了北京。在这个过程中她遇到了吴芝瑛，二人志同道合。秋瑾对丈夫的行为十分不满，同时又对国家的现状十分担忧，就决定走上救国救亡的道路。她经常女扮男装参加革命，在宣传革命的道路上做出了很大的贡献。

秋瑾曾经到日本留学，参加革命活动，并认识了冯自由等革命者。后来她又参加了光复会和同盟会，与徐锡麟、黄兴等人成为了朋友。1906 年，秋瑾回到祖国，在绍兴的大通学堂教书。她一面进行教育工作，一面联络革命党人，准备武装起义。

秋瑾和徐锡麟两人约定在安徽和浙江两个省发动起义。秋瑾作为总负责人，不仅积极地联络革命党人，而且还筹集了大量武器，并对革命者进行训练。1907年7月，徐锡麟刺杀安徽巡抚，起义失败，清政府发觉了安徽和浙江之间的联系，开始到处搜捕革命党人。

秋瑾知道自己将会被抓捕，于是将和革命有关的文件都烧毁，而且转移了武器弹药。几天之后，秋瑾和一些同志被捕。在被审判的时候，秋瑾义正词严，紧咬牙关，将所有罪名都一个人承担。清政府的官员没有从秋瑾的口里得到任何有用的东西，于是就将秋瑾杀害了。在最后关头，秋瑾还是在极力地维护革命党人，并且高喊自己的愿望，希望祖国的大好河山得到光复。

黄花岗之役

秋瑾和徐锡麟等人英勇就义，革命党人的起义还在进行。清政府对革命党人的镇压更为疯狂。

清政府为了加强统治，在朝廷内部实行君主立宪，妄图救清朝统治于危难之中。可在实际的实施中，慈禧太后却一味地拖延。这些行为激起了康有为等人的不满。孙中山等人更是对清政府失去了信心，于是决心进行彻底的革命，推翻帝制。1908 年光绪帝与慈禧太后相继去世，宣统帝溥仪登基。在举行登基大典的时候，只有三岁的溥仪还在哭闹。因此，朝中的很多大臣都对朝廷失去了信心。

公元 1911 年，孙中山召集了很多革命骨干进行秘密集会，决定发动起义。在大会上，孙中山总结了革命失败的经验和教训，并且要聚集同盟会的力量，再联合更多的革命力量。

大家商议制订了相应的起义计划。革命党人选出了敢死战士，在广州设立秘密机关 30 余处，准备占领广州后北伐，并通知了各省的革命党人做好准备。会议结束之后大家都分头行动。黄兴的军队正准备按照计划的时间和地点进行进攻，但是清政府却听到了消息，广州城里全面戒严，一些参加起义的同僚也遇害了。因此，起义不得不在实力尚未集中时开始。黄兴率领敢死队扑向了两广总督的衙门，杀死了几个清兵，没想到让张鸣岐跑了，敢死队分路与清军展开巷战，经过一天一夜的奋战，敢死队寡不敌众，伤亡惨重。后来，人们在收殓遗体的时候，发现了革命党人的七十二具遗骸，于是将他们葬在了黄花岗，称为"七十二烈士"。

武昌起义

　　革命烈士为了祖国的未来抛头颅，洒热血。在黄花岗之役还没有完全结束的时候，武昌城又发生了革命起义。清政府想要依靠外国的侵略势力来保护自己的统治。公元1911年，清政府颁布法令，将民办川汉和粤汉铁路收归国有，然后以铁路修筑权为抵押，向英、法、德、美四国银行团借款。这种卖国的行为受到民众的指责，保路同志会因此成立。群众罢课、罢工进行抗议。四川总督赵尔丰开枪扫射民众，引发了更大规模的暴动。

　　革命党人抓住机会，决定在武汉率先举行起义，其他省份必然会纷纷响应。武汉的革命力量比较雄厚，依靠新军的力量，革命党人举行了起义。清政府快速调兵镇压。革命党人在策划起义的同时，还创办了文学社和共进会，宣传革命思想，为起义做好舆论准备。共进会领导人在制造炸弹时受伤，汉口的机关遭到破坏，于是文学社领导人决定提前发动起义。但因送信人未能到达炮营，号炮未响，各营未动，但武昌的机关被破获。清军的第八镇统制张彪对革命党人进行了全面搜查。

新军工程营熊秉坤看到形势非常危急，挺身而出。他将黄花岗的七十二位烈士看作是楷模和榜样。大家暗中联络，决定当晚起义。晚七点刚到，熊秉坤率队占领楚望台军械局，各营奋起响应。

吴兆麟作为起义军的指挥人员，亲自率领起义军攻打总督衙门。在开炮的时候，正好赶上下雨天，大炮无法对准总督衙门，于是吴兆麟就派遣炮兵笼起了火，借着火光朝衙门开炮。湖广总督瑞澂等人被吓得惊慌失措，都逃跑了。

经过一夜的鏖战，起义军终于取得胜利，占领了武昌，随后，汉阳和汉口也被起义军占领。在这之后，很多省份都纷纷响应，拥护共和，形成了全国规模的革命。

近现代时期

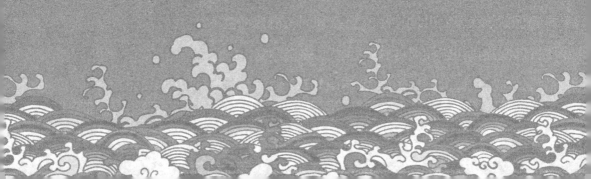

丧权辱国的"二十一条"

　　袁世凯取代孙中山成为了中华民国的大总统。1915年，袁世凯接到通报，日本驻华公使日置益要来访。袁世凯十分惊讶，日本趁着欧洲列强忙于第一次世界大战无暇东顾之时，强占了山东地区。此时日本公使来访，其意图引发了袁世凯的深思。

　　日置益见到袁世凯的时候，手中拿着几张纸。而这几张纸就是他这次来的主要目的。纸上写的是日本提出的一个约定。这个约定总共有二十一条，因此被称为"二十一条"，其规定中国要承认日本继承德国在山东的全部权益，而且要承认日本在"南满"和内蒙古东部的特权，等等。

　　看到这些内容之后，袁世凯非常气愤。日本人拟定的这些条款就是要将整个中国吞并。他对日置益说，要与外交部商量。对方严厉地说："这个条约是秘密的，不能让英法等国家知道。如果泄露的话，日本必然会采取行动。"

　　袁世凯辗转反侧，很是为难，于是，第二天就召开了会议，商议与日本谈判的事情。经过商谈，决定要用"拖"的方式来进行这次谈判。谈判的负责人是陆徵祥，他在谈判的时候想了很多办法来拖延时间。比如，将每周的谈判次数减少，尽量缩短谈判的时间，让日本的谈判人员品茶，还拖延品茶时间。这次谈判进行了三个月之久。

全国人民得知这"二十一条"的内容之后，采用各种方式来反对袁世凯签订这一条约。短时间内，全国的报纸和杂志上都出现了反日的文章。华人华侨也纷纷反对签订"二十一条"。而且，商店都停止销售日货，大家纷纷抵制日货。

日本政府看到形势不利，就将第五条搁置，但是，并没有直接取消。后来，袁世凯为了能够得到日本的支持，便在丧权辱国的"二十一条"上签了字，他也成为了中华民族的罪人。

抵制日货运动

1915年，袁世凯接受了日本的"二十一条"这个丧权辱国的条约，直接引发了人们对日货的抵制。之前，北京虽已经有抵制日货的倾向，但不是十分明显。五四运动结束之后，中国抵制日货的狂潮掀起。

1919年5月，北大学生在北大法科礼堂召开学生大会，朝阳学院提出抵制日货。后来，这一提议得到各大院校的纷纷响应。"不买日本货，不用日本货，不卖日本货"的口号成为当时大街小巷宣传的主要内容。当时全国上下有很多日货，这是日本侵略中国的后果，抵制日货也就成为了中国人民对抗日本侵略的一种方式。抵制日货的行动从北京蔓延到全国各地。全国人民万众一心，贩卖日货的小商贩和购买日货的消费者再也看不到了。

抵制日货的另外一个重要的做法就是焚烧日货，同时学生们还得到了商家的同意，不再用日本银行的钞票，不在日报刊登广告，日货的样式和牌号都不予贩卖。商会的决定得到了广大商家的支持，商人都丝毫不考虑自己的利益，积极地参与到抵制日货中。在这一过程中，一些商家纷纷开始销售一些可以替代日货的国货，这样一来，购买者就形成了习惯。在抵制日货的同时，人们积极地购买国货，民族工业得到了发展。在这场运动中，表现最为积极的就是国货商。他们为抗日做出了重要的贡献。

抵制日货是中国人民表达爱国情绪的一种特别方式，也是最为常见的方式。抵制日货的行为是处于孱（chán）弱、不堪一击状态时的旧中国的一种无奈之举，抵制日货是在那样一个受人欺凌的环境下，民众发泄心中怨恨的一种方式。

新文化运动兴起

辛亥革命之后，袁世凯窃取了革命的果实，并且实施独裁统治。在思想上，他提倡尊孔复古，这与当时的社会发展背道而驰。新文化运动高举民主与科学的大旗，反对旧思想，提倡新思想；反对旧道德，提倡新道德；反对旧文学，提倡新文学。

1915 年，陈独秀创办了《青年杂志》，新文化运动开始。陈独秀积极地进行革命，《青年杂志》积极地宣传新文化。《青年杂志》从第二期开始就改名为"新青年"，主要是和当时所倡导的"新"相呼应。1917 年，《新青年》杂志编辑部从上海迁到北京，很多知名的学者都加入其中。《新青年》成为了一个文化阵地。

陈独秀在《青年杂志》上发表了发刊词，提出青年应该按照规定前行，崇尚自由、提倡进步、积极进取、面向世界，同时，还举起了科学和民主的大旗。《新青年》很快受到民众的欢迎。

新文化运动强烈地抨击了社会的专制制度，在思想领域发起进攻，对以孔教为代表的旧道德进行了批评，提倡个人解放和人格的独立，提出社会不进行大的变革，必然不能达到国富民强的目标。新文化运动还提出"文学革命"的主张，不仅提倡白话文，还提倡新文学。一篇名为"文学改良刍议"的文章轰动一时。这是胡适所作的一篇文章，在这篇文章中，胡适没有用典、没有用套语，免去了一些无病呻吟的语句，完全用白话文代替文言文。不久，陈独秀也发表了《文学革命论》，树起文学革命的旗帜。他认为，文学改良不仅要从内容上改良还需要从文字上改良。同时还提出了著名的三大主义。

新文化运动最著名的代表人物非鲁迅莫属，他发表了《狂人日记》等多部作品，大肆宣扬反封建思想，成为文学界的典范。

在新文化运动开展的时候，俄国十月革命也在进行。国内的有识之士将马列主义引进中国，这对新文化运动产生了一定影响。

苏步青数学报国

新文化运动的影响很大，很多有识之士都认为，要想救中国就要和军阀统治做斗争，因此，就需要依靠"德先生"和"赛先生"，也就是民主和科学。当时，有一位著名的数学家叫苏步青，他希望通过数学来改变国家的命运。

人们对数学的理解就是相对比较抽象的公式和算法，实际上，数学也有一定的抵抗侵略的作用。古希腊的阿基米德利用几何知识来抵抗侵略者的故事家喻户晓。苏步青具有较高的数学天赋，对数学体系很有研究。他还有众多的学生，桃李满天下。除此之外，苏步青还是一个伟大的诗人。苏步青出生于农民家庭，父母对他的希望就是能够平步青云，兴旺家族。所以，他的父母就为他取名为苏步青。苏步青七岁就出去给人家放牛，成为家里的劳动力。他看到别的孩子可以到私塾读书十分羡慕，于是就在私塾外面偷听。没过多久，苏步青就学会了《三字经》《百家姓》等，父母将这些看在眼里，于是就把他送到私塾学习。

在学习中，他感觉数学很简单，很容易就能学会。除了数学之外，苏步青的语文和其他学科也非常优秀。后来，语文老师、数学老师、历史老师都抢着让苏步青来自己的班级。苏步青刚上中学不久，学校就来了一位留学归国的老师，名叫杨霁朝，他给学生们讲了海内外的形势，并且对当时的情况进行分析。杨霁朝老师是一位数学老师。这堂课在很大程度上激励了学生们，苏步青就是这些学生中的一个。从此以后，苏步青对数学更加热爱，希望能够通过学好数学报效祖国。

后来，苏步青留学日本，回国后到浙江大学，帮助好友陈建功发展壮大浙江大学。

袁世凯复辟帝制

　　新文化运动还在如火如荼地进行着。公元 1913 年，袁世凯镇压了二次革命，解散国会，还制定了选举法。《大总统选举法》中规定，总统可以无限期连任，而且总统可以任意推选出下一任总统的候选人。选举法的制定使得袁世凯成了封建社会时的皇帝。

　　为了获得皇帝的称号，袁世凯模仿清朝的制度和官场形式，还很讲究排场。袁世凯和日本签订了丧权辱国的"二十一条"，因此得到了日本帝国主义的支持。1915 年，袁世凯准备称帝，他的亲信鼓吹只有复辟帝制才能够让社会长治久安，于是，一场复辟帝制运动就在全国范围内展开了。当时有一个叫梁士诒的官员，他四处筹集钱财组织请愿团向上邀宠，要求变革国家的体制。另外，梁士诒还联合更多的人，形成了全国性的请愿团，为复辟帝制做了很多工作。

　　一些参加选举的人基本上都是袁世凯的亲信，选举大会结束之后，袁世凯当选，之后他便下令施行君主立宪制度。袁世凯一开始还表现出一副假惺惺拒绝的样子，最终还是登基称帝了。在一些演讲中，袁世凯还时不时地说："我是具有爱国之心的，称帝也是顺应民意。我决心当一个好皇帝。"称帝后，袁世凯将国号改为"中华帝国"，下一年为洪宪元年，总统府改名为新华宫，他被称为洪宪帝。

袁世凯复辟帝制引起革命人士的强烈不满。梁启超发表文章抨击袁世凯称帝。这一事件在海内外都造成了很大的影响，一时间，舆论哗然。革命党人发动了讨袁的护国运动，在全国各地得到响应。全国各地反对袁世凯称帝的呼声越来越高。此时，北洋集团的内部也出现了一些矛盾。"北洋三杰"对袁世凯复辟帝制也十分不满。帝国主义国家也在某种程度上对袁世凯进行干预。最终，袁世凯这个皇帝只做了八十三天。

护国运动

　　袁世凯复辟帝制，引起了全国上下的一片怨恨，孙中山也发表了《讨袁宣言》，希望人们能够团结一致共同对抗袁世凯。与此同时，孙中山还联合陈炯明、陆荣廷等共同为北伐做准备。后来，虽然这次战斗由于陈炯明叛变而宣告失败，但是人们的反袁热情却丝毫没有下降。

　　1915 年，在法租界的一个小屋里，梁启超和蔡锷正在研究着一些事情。当时，梁启超是袁世凯的忠实追随者，可是袁世凯复辟帝制后，仍然没有重用梁启超。蔡锷本是梁启超的学生，也是爱国将领。蔡锷立志报效祖国，所以他不能容忍袁世凯的倒行逆施，成为了讨伐袁世凯的一份子。梁启超想试探试探蔡锷是否真的反对袁世凯复辟，于是与他商议用文攻武斗的方式号召全体人民。梁启超负责写文章来号召民众，而蔡锷则是用拉拢武装队伍的方式来反对袁世凯。于是，二人达成了一致。蔡锷回到北京之后，袁世凯就开始怀疑他。蔡锷便装出一副和梁启超决裂的样子。后来，蔡锷请了五天假去拉拢武装队伍，而袁世凯却浑然不知。五天假期之后，蔡锷称病得严重，又继续请了七天假。最终，蔡锷以生病为借口回到了云南。

当袁世凯在皇宫中歌舞升平的时候，蔡锷等领导的护国运动已经开始。护国军兵分三路讨伐袁世凯，得到了百姓的拥戴，不断取得胜利。袁世凯看到这种情景赶紧求助。但是，一些西方国家都在忙于战争，根本没有精力顾及中国国内的形势，眼看着大势已去，袁世凯对政治失去了信心，袁世凯集团内部也开始分化。段祺瑞和冯国璋也不再追随袁世凯，反而和护国军暗自联系，共同反对袁世凯。最终，袁世凯于 1916 年 3 月 22 日宣布取消帝制。他的皇帝梦终结了，护国运动取得了胜利。

张勋复辟

袁世凯复辟帝制告一段落之后，京城中又出现了张勋复辟。张勋本来就是军阀，在清朝末年做过江南提督，由于受过皇帝的大恩，因此对清政府十分忠心。中华民国已经建立，他的头上还梳着辫子，他手下的将士也梳着辫子，因此，他的军队被人们称为"辫军"。1917年，张勋率领四千多人从徐州北上。当时北京政府的状况使得张勋产生了复辟帝制的野心。

袁世凯去世之后，黎元洪为大总统，段祺瑞为国务总理。但当时已经出现了十分严重的动荡局面。对于中国是否参加第一次世界大战的问题，北京政府内部争论不休，最终矛盾激化，出现了严重的政治冲突。为了能够让人们支持对德作战，段祺瑞怂恿各省份的督军同意作战，失败后，要求解散国会。黎元洪对这种情况无法忍受，于是就将段祺瑞的职务撤掉。这样一来，北洋系的督军纷纷要求独立，对抗黎元洪的势力不断扩大。在万分危急的情况下，李经羲被任命为国务总理，他希望能够得到张勋的保护和支持。于是，张勋就以调停的名义来到北京。

张勋来到天津，命令手下的部队继续北上，自己留在了天津。黎元洪等派人去请张勋，张勋则威胁黎元洪要在两天之内将国会解散，否则就回徐州。于是，在万般无奈之下，黎元洪不得不将国会解散。第二天，张勋来到北京。本来，张勋想要扶持李经羲，可是督军们都十分反对，还要求让段祺瑞复职。见此情景，张勋加快了复辟的速度。康有为等人在张勋复辟的过程中起到了很大的作用。这一年七月，张勋、康有为等人请出了溥仪，拥护溥仪复位。于是，当时只有十二岁的溥仪下了诏书，大赏拥护其复辟的功臣。

后来黎元洪拒绝了张勋的要求，请冯国璋来行大总统的职权。孙中山等人发表讨逆宣言。段祺瑞成立讨逆司令部，并兼任总司令，反复辟的规模越来越大。在讨逆战争中，张勋的辫军溃不成军，最终不得不投降。

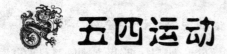 五四运动

　　张勋复辟没有成功，国内政局没有被改变。国际上，第一次世界大战以协约国的胜利而结束。西方列强为了对势力范围进行重新划分，召开了巴黎和会。中国是一战的战胜国，人们都希望能够在巴黎和会上要回德国占领的中国土地。没想到巴黎和会的决议并没有让中国人如愿以偿，山东的问题没有得到解决。

　　于是，北京大学等学校的学生在法科礼堂开会，决定反对和会决议。法律系的学生还咬破手指写下了血书"还我青岛"。第二天，学生们到天安门游行示威，让全世界都知道巴黎和会对中国的不公正。曹汝霖、陆宗舆和章宗祥等人是"二十一条"签订的参与者，是国家的罪人。集会结束后，群众准备到驻华大使馆请愿，路上宣传单遍地，学生们高喊"外争主权，内惩国贼"的口号。学生们的行为感动了所有人。游行队伍来到东交民巷时，巡捕将学生们拦住，后来学生们来到赵家楼，问曹汝霖罪。正在家中的曹汝霖听说学生们找他问罪，十分惊慌，于是派人守住宅院，对学生们的质问和要求都不理不睬。在这种情况下，有些学生从前门进入，正好遇上章宗祥，学生们

将章宗祥抓住之后一顿暴打。这一事件惊动了整个京城。

第二天，北京大学的学生集体罢课，游行没有间断。这时，教育部长想对北京大学的教学秩序进行管理，可没想到，学生们更为愤怒，罢课行动更加严重。于是政府逮捕了30多名学生。这一消息传到了上海，上海的工人和农民也进行了罢工，五四运动从北京到上海，逐渐演变成一场全国性的群众爱国运动。后来，消息又传到了天津，天津群众罢市声援北京学生。

最后政府释放了被关押的学生，将曹、陆、章三人的职务罢免，北京政府拒绝在和约上签字，五四运动初步胜利。

军阀混战

袁世凯去世后，北洋军阀分裂成了不同的派别，其中势力最强的是以段祺瑞为首的皖系军阀、曹锟领导的直系军阀和张作霖领导的奉系军阀。段祺瑞的皖系军阀掌握着安徽、山西等地，他背后有日本人的支持。曹锟的直系军阀则掌握着江苏、湖北一带，他以英国和美国为靠山，他的得力助手是吴佩孚。奉系军阀主要是占据着东北三省，曾经和直系军阀结盟，共同反对皖系军阀。

从种种矛盾上看，军阀之间的战争是不可避免的。因此，在1920年，段祺瑞改边防军为定国军，决定讨伐曹锟和吴佩孚的军队。在此之前，段祺瑞还编造了曹锟与吴佩孚的罪状。曹锟被讨伐，张作霖选择站在曹锟那边。在这次战争中，直系军阀和奉系军阀联手，使得皖系军阀伤亡惨重。段祺瑞作战失利，他看到自己大势已去，觉得无颜面对将士们，于是决定辞职，并且解散了定国军。直皖战争结束，直奉两系共同控制了北京政府。

但是，直、奉军阀之间也存在着矛盾。他们为了争夺地盘也存在着各自的私心和野心。为了抬高自己的地位，吴佩孚在没有通知张作霖的情况下，通电全国召开代表大会，这引起了张作霖的强烈不满。张作霖很快进行了反击，矛盾愈演愈烈。

1922年，第一次直奉战争爆发。双方展开对攻，在战争的前期，奉系军阀占据优势。但是，后来直系军阀在中路获得了胜利，士气大振，奉系军阀开始无力抵挡直系军阀的进攻。在战争的关键时刻，奉系军阀还出现了将士倒戈的情况。最终，双方签订停战协定，张作霖被迫退回东北。北京政府被直系军阀控制。

在第二次直奉战争中，吴佩孚和曹锟都失败了，两人被迫下台，段祺瑞则趁机出山，后来北京的政权被皖系军阀和奉系军阀控制。

中国共产党成立

五四运动是新民主主义革命开始的重要标志，中国人深刻认识到祖国的强大不能依靠帝国主义，此时，共产主义思潮传播，并被人们接受。五四运动时期，陈独秀因为散发《北京市民宣言》被逮捕。他从大牢中出来后就来到上海，后又到武汉进行演讲。北京政府面对这种情况十分慌张，于是对他进行第二次抓捕。李大钊和陈独秀对建党的问题十分重视，在去天津的路上，二人高谈阔论，认为应该召集分散的共产主义力量。

陈独秀离开天津来到上海，当时上海是中国工人阶级的集聚中心，也是马克思主义传播的重点地区。到这里之后，陈独秀感觉如同来到了自己家中，他将马克思主义的理论和实践相结合，对工人运动进行指导。后来，李大钊来到上海找陈独秀，二人对建党问题又进行了商谈。陈独秀觉得时机已经成熟，就联合了李汉俊等人在家中定下党的名称，同时还成立了中国共产党上海发起组。

发起组成立之后，对各地的党组织成立起到了很大的推动作用。同时陈独秀等人还起草了《中国共产党宣言》，并且得到了共产国际代表马林的支持。后来，陈独秀到广州办教育机构，宣传中国共产党的主张。随后，陈独秀、李大钊、李达等人给各处的代表写信，邀请他们到上海参加中国共产党第一次全国代表大会。

1921 年 7 月 23 日，中共一大在上海召开，参加一大的小组有上海小组、北京小组、济南小组、长沙小组、武汉小组等，除此之外，还有留学生代表。张国焘主持了这次会议。各地代表纷纷祝贺中共一大的召开以及中国共产党的成立。在会议上与会代表积极地参与讨论。

这次会议进展得十分顺利，但是在 7 月 30 日，大会遭到法租界巡捕房密探的干扰而被迫中断。当时，陈公博留下来陪李汉俊善后，其他人员都撤离了会场。李汉俊对党章和纲纪等内容进行了涂改，因此并没有被发现。后来，会议的场地设在浙江嘉兴南湖游船上，中国革命仍在继续。

京汉铁路工人大罢工

　　中国共产党成立之后，工人运动也随之开展。中国劳动组合书记部成立于上海，是一个全国性的机构，由中国共产党领导。此后，书记部在各地组织开展工会运动，给帝国主义造成了沉重的打击。

　　京汉铁路沿线共有十六个工会组织。1923 年 2 月 1 日，京汉铁路各站工人代表在郑州举行京汉铁路总工会成立大会，直系军阀吴佩孚十分惊慌，于是下令郑州全城戒严。大会代表冲破军警防线，进入会场，京汉铁路总工会成立。代表们并不惧怕军警，并决定举行总罢工表示反抗，提出"为自由而战，为人权而战"的口号。

　　2 月 4 日，京汉铁路工人大罢工正式开始。工人队伍有三万多人，三个小时之内，客车、货车以及军车等都停止运行。京汉铁路瞬间处于瘫痪的状态。5 日、6 日两天，湖北工团联合会也举行了罢工，声援京汉铁路工人，北京的一些进步人士也作为铁路工人的后援队，全力支持这次罢工运动。

　　大罢工无论是从经济上还是从政治上，都给反动军阀以沉重的打击，使得吴佩孚束手无策，最终举起了屠刀。2 月 7 日，反动军阀在郑州、江岸、长辛店等地区进行了镇压，这就是震惊海内外的"二七惨案"。湖北的督军打死了三十多人，数百人受伤，共逮捕了四十多人。

铁路总工会江岸分会的委员长林祥谦被捕，敌人将他绑在了电线杆上，强迫他下复工令。但是，林祥谦拒绝了。在万般折磨下，林祥谦都没有答应军阀的要求。最终，林祥谦被折磨致死。包括林祥谦在内的很多支持铁路罢工的人员都遭到了逮捕，在监狱中他们坚韧不屈，一直没有放弃自己的信仰。他们在倒下的时候，还用最后的一点力气呼喊着"中国共产党万岁"。

京汉铁路工人大罢工是中国共产党领导的第一次工人运动。从这次运动中可以看出，工人阶级力量之伟大。同时，这些工人也用鲜血唤醒了那些依旧沉睡的中国人。

瞿秋白与《国际歌》

　　共产党人对工人运动十分重视，与此同时也十分关注文艺方面的活动。很多共产党的领导人都是学者，其中比较著名的是瞿秋白，他为我国的革命立下了汗马功劳，在文学史上也有很高的成就。

　　瞿秋白是中国共产党第二任领导人。1927 年，中共在汉口召开紧急会议，人们将其称为"八七会议"。会议由瞿秋白主持，会议总结了大革命失败的教训，动员鼓舞全国人民继续坚持革命斗争。

　　1923 年，《新青年》上刊印了瞿秋白写的《国际歌》，从此以后，这首歌就在中国革命的进程中一直流传。瞿秋白不断弘扬中国共产党的革命思想和革命精神。《国际歌》本是一首诗歌，谱曲后广为传唱，这是无产阶级的战歌。1920 年，《国际歌》被翻译成中文，传到中国。很多人对其歌词不是十分了解，认为歌词过于文绉绉。于是，瞿秋白等人就将这首歌翻译成了白话文，歌曲激励了无产阶级革命斗士的革命精神。

　　瞿秋白在翻译《国际歌》时，有很多著名的小故事。其中一个广为传颂的就是：当看到《国际歌》中"国际"这一单词时，瞿秋白一时间无法准确地翻译出来。就算是翻译出来，中文的"国际"和英文的 international 之间也存在着音节上的差异。因此，瞿秋白被难住了。经过多天的研究，瞿秋白将"国际"这个词翻译成了"英特纳雄耐尔"。这样，在翻译后的歌词中，革命战士还能够看到光明的革命曙光。

这一版本的歌词得到了人们的认可。后来，这首歌传到了全国各地，不同阶级的人都开始传唱。革命胜利是瞿秋白最大的梦想，可惜的是他没有等到胜利的那一天。1935 年，瞿秋白在福建长汀水口乡遭国民党军队包围被俘。6 月，他走上刑场。在行刑之前，瞿秋白还高唱着《国际歌》……

第一次国共合作

吴佩孚镇压京汉铁路工人大罢工，制造了"二七惨案"。中国的工人阶级充分地认识到，要想取得较大的胜利，没有同盟军是不太可能的，因此，他们决定联合国际上一切可以联合的力量，形成统一战线。

以孙中山为首的国民党属于资产阶级。共产党员要想建立反封建的政权，就应该和国民党相互配合，国民党和共产党之间的合作因此形成。1921 年，共产国际代表拜访孙中山，此后便和孙中山进行了多次长谈。共产国际代表马林提出了建设革命党、革命军和军校的建议。孙中山对这一建议非常感兴趣，因此，在国民党内部进行宣传。马林回到上海之后，中国共产党表示要和国民党合作。马林说："国民党是南方规模较大的革命政党，共产党应该和它合作，共同斗争。"孙中山也非常愿意和共产党合作，并且提出要实行党内部合作。共产党的很多同志也比较赞同合作，但是要求不能以加入国民党为条件。

1922 年，中共二大召开，会议主要就是研究国共合作的问题。

共产国际的代表马林认为应该实行党内合作，共产党员、共青团员都加入国民党，形成各个革命阶级之间的联盟。8月，中共在杭州召开会议，再次对国共合作的问题进行讨论，并认为进行国共合作是唯一的方法。李大钊对马林的意见持赞成的态度，但是张国焘持反对的态度。后来，共产党和国民党进行了合作，共产党员可以以个人身份加入国民党，实现政治、思想和组织上的独立性。虽然国共之间实现了合作，但是共产党员应该严格遵守党的组织性和纪律性。

国共两党开始了第一次合作。

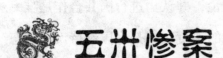

五卅惨案

1925 年发生了五卅（sà，三十）惨案，主要原因是上海工人的反日罢工。当时，上海的日商纱厂的一个日本领班，在工作的时候狠狠地毒打一个中国的女童工。这使工人们非常气愤，于是联合起来发动了一次大罢工，并且让日商接受了工人的条件，与工人们签订了劳动协议。没想到，日本资本家却不甘心，趁着棉花价格比较低的时候，以要关闭工厂来要挟工人。不仅如此，他们还撕碎了劳动协议，虐待工人。

对于日商的这种行为，中共上海总工会决定用纱厂和布厂的罢工行为来进行斗争。但是，日商对这些并不在乎。日商老板关闭了工厂，不让工人们进厂。当时，工厂的党员顾正红也在其中，他知道这是日商故意为之，于是不顾人们的阻挡冲了进去。日商和工人们厮打在一起，就在这个时候，日商老板拿出手枪进行威胁，顾正红没有畏惧，上前指责日商。日商老板向顾正红开枪了。当时，在场的工人都高声呼喊"团结起来，共同斗争"。顾正红虽然壮烈牺牲了，但是他的精神却鼓舞了在场的工人。之后，中共中央发布了公告，号召各地区的工会以及农会对日方枪杀同胞的行为进行谴责。反帝示威游行声势浩大，愈演愈烈。

5月30日，上海各大学校的学生进入租界，发传单，演讲，用了各种宣传形式，最终一些学生被捕。学生声援工人却被捕的事情传遍了大街小巷，迫于压力，巡捕将被捕的学生释放。但是，局面很快就改变了。演讲队的群众聚集在租界，加入了学生的游行示威行列。群众的爱国热情高涨。巡捕下令禁止演讲，如有不服从的人就进行殴打，并且又逮捕了大批学生。抗议的人不断增加，要求放了被捕的学生。英国人枭威尔对手无寸铁的群众进行机枪扫射，一时间枪声震天响。很多人都当场死亡。这是英帝国主义在中国境内所犯下的又一桩大罪，历史上称之为"五卅惨案"。

中山舰事件

国共合作后，全国的革命热情进一步高涨，革命形势也有了较大的改观。因为国民党右派反对孙中山"联俄、联共、扶助农工"的三大政策，国共统一战线出现了多次联合和分裂的状态。但是有孙中山在，国民党的右派分子不敢轻举妄动。

1925 年，孙中山先生逝世，国民党右派分子抓住机会掀起了反左反共的浪潮。篡夺领导权的活动也日益猖獗。其中一个比较著名的事件就是中山舰事件。

1926 年 3 月 18 日，黄埔军校驻省办事处主任欧阳钟向海军局传达了蒋介石的命令，要求派遣两艘军舰到黄埔，命令相关人员前去执行任务。19 日清晨，两艘军舰驶抵黄埔待命。下午有苏联考察团要参观舰队，李之龙便打电话告知蒋介石。后来，考察团真正要观看的时候，蒋介石却假装什么都不知道。下午，中山舰便回到了广州。

蒋介石和右派分子借助此事，放出"共产党人要暴动""李之龙要造反"等言论，还对共产党员进行大肆污蔑。后来，蒋介石命令自己的部下将李之龙抓捕，同时解除中山舰的武装，并且扣押了国民党左派人士四十多人。

广州的一切都安排妥当之后，蒋介石着手把中共党员排挤出中国国民党中央领导机关。

蒋介石发动中山舰事件的消息传到中共中央已经是一周之后的事情了，布勃诺夫将自己的责任完全推到中共中央的头上，陈独秀不得已派遣张国焘去调查此事。广东区委书记陈延年详细地汇报了这件事，于是中共中央制订了反击蒋介石的计划，并且迅速贯彻实施。当彭述之到达广州之后，共产国际的高级顾问已经向蒋介石妥协，中共中央无奈之下接受了共产国际的意见。

蒋介石借助中山舰事件对共产党进行压制，实际上是为了夺得广东海军的控制权。此举已经违背了孙中山提出的三大政策，这使得国共两党出现了分裂。

北伐战争

辛亥革命失败不久，北洋政府内部逐渐分裂，军阀割据严重，人们生活在水深火热之中。1924 年，国共两党正式合作，形成了革命统一战线。1926 年共产党在北京召开会议，指出了主要任务是推动广东地区的革命进程。这样可以有效地阻止军阀割据的局面，促进国家的统一。国民党右派蓄意制造中山舰事件，但是，共产党人仍然从大局出发，保持合作的态度。

1926 年 2 月，共产党提出出兵北伐推翻军阀统治的主张。1926 年 7 月，广东国民政府颁布了北伐的动员令。派遣十万军队进行北伐。国民革命军制订了行动计划，首先进攻吴佩孚，由叶挺领导，作为北伐的先锋。国民革命军势如破竹，吴佩孚的军队则坐立不安，全力阻挡国民革命军的进攻。8 月 26 日，第四军在吴佩孚军队到达之前，就向汀泗桥发动总攻。第十二师三十五团冲破了吴佩孚军队的阻击，进入铁路桥头。各路军队都打了胜仗，很快到达目的地。吴佩孚的军队最终遭遇到了前后夹击，上百人被俘。后来，叶挺率领的独立团攻占了咸宁。

　　吴佩孚不甘心失败，于是命令暂时编制的第四师和第八师进行死守。没想到国民革命军并没有给吴佩孚喘息的机会，而是对贺胜桥进行猛攻，最后吴佩孚的军队在正面战场节节失利，腹背受敌，进退两难，部队迅速溃败。在国民革命军占领了贺胜桥后，国民革命军就朝着江西进攻，经过几个月的鏖战，终于占领了九江、南昌，同时将孙传芳的军队一举歼灭。最终，国民革命军占领了南方的大部分地区。

　　冯玉祥带领军队控制了我国的西北地区，并且积极地响应国民革命军队。北伐战争是在中共提出反对列强和军阀的情况下发生的，共产党军队在北伐战争的过程中所起的作用不言而喻，这场战争对北洋政府造成了很大的冲击，进而开辟了新的革命道路。

上海工人第三次武装起义

　　1926 年和 1927 年，上海工人先后发动了两次规模较大的起义。但是因为时机不够成熟，准备不够充分都以失败而告终。后来，中共中央召开会议，策划第三次武装起义。这次，由特别委员会领导武装起义，陈独秀等人作为主要的领导人员。另外，周恩来为武装总指挥，他曾经主持制订《武装暴动训练大纲》，还购买了很多枪支。经过一段时间的准备，第三次武装起义抓准了时机，得以成功展开。

　　3 月中旬，国民革命军分别向苏州、常州以及松江等地进军，对上海进行了包围。中共特委会当机立断，第二天就发动上海的工人同盟罢工，进而进行武装起义。黄浦江上的轮船和汽笛声都响了起来，全市的车辆都停止运行，轮船厂、工厂等也都停止了工作。总罢工开始了。租界内部的群众不断拥入华界。下午 1 点 30 分左右，起义第一枪打响了。上海工人兵分三路对警察机关、江南织造厂和高昌庙兵工厂进行围攻。下午 5 点，南市被工人控制，起义队伍在各个地区都获得了胜利。

　　闸北的战争最为激烈，因为直鲁联军驻扎于此，司令部也设在这一地点。发动起义之后，闸北的书记亲自率领工人向警察总署进攻，起义军占据了绝对的优势，这次战争持续了将近三个小时。起义军分析了当时的情况，认为应该防守易守之处。直到22日下午，守敌孤立无援，便穿上日常的衣服进行突围，后来全部被捕。工人纠察队在调兵的过程中，守敌就攻打天通庵，并且将民房烧毁。周恩来知道后说："即使没有支援，共产党也会有决心的。"

工人纠察队的主要任务就是进行支援，大家将缴获的武器全部架在前沿阵地上。下午5点之后，周恩来接到情报，敌司令官逃跑了，因此，守敌乱作一团，工人纠察队就在此时发起总攻，占领了北火车站，上海工人第三次武装起义取得了胜利。

四一二反革命政变

　　上海工人第三次武装起义胜利之后，很多人都受到鼓舞，但是却激怒了一个人，那就是蒋介石。蒋介石反对共产党是众所周知的，他的目的就是镇压革命。共产党领导的工人运动取得了胜利，这使他气急败坏，1927年，一场阴谋即将上演。

　　上海法租界的杜公馆华灯齐放，青帮的杜月笙等人早已经等在那里，准备完成自己的任务。8点前，一辆汽车在杜公馆的门口停下来，车上坐的是汪寿华，也就是杜月笙要等的人。蒋介石要反共，青帮帮了他不少忙。这些流氓都是作恶多端的人，天不怕地不怕，但是他们对上海工人纠察队却畏惧三分。青帮的流氓诱骗汪寿华到杜公馆，这样工人纠察队便群龙无首。汪寿华过于轻敌，便深入虎穴。杜月笙让汪寿华打个电话，告诉工人纠察队放下武器集合。张啸林在一旁虚张声势。汪寿华此时才知道中计了，但是为时已晚。他试图逃出去，这时只听到张啸林大声喊道："给我打。"于是，汪寿华遭到一顿痛打。然后，青帮将他装到麻袋中活埋了。

　　1927年4月12日凌晨，被蒋介石收买的青帮武装分子冒充工人，向分驻各处的工人纠察队发动袭击，工人纠察队奋起反抗。随后，国民党第二十六军周凤岐部借口调解"工人内讧"，强行解除 2000 名工人纠察队武装。

13 日上午，上海总工会在闸北青云路广场举行有 10 万人参加的群众大会，会后整队游行，当队伍行至宝山路时，遭到国民党军队的屠杀，群众死百余人，伤无数。此后，蒋介石继续捕杀共产党人和革命群众。仅三天内，即有 300 多人被杀，500 多人被捕，5000 多人失踪。这次事件被称为"四一二反革命政变"。

南昌起义

　　蒋介石发动的四一二反革命政变是一场大规模屠杀共产党员的行动，自此，国共合作破裂。根据相关的数据统计，1927 年到 1928 年上半年，共产党员和革命群众的死亡人数达到了三十多万。这是中国共产党建党以来面临的一次较大的挑战。自此，共产党人认识到，只有拥有自己的武器装备，才能够获得胜利。当时，南方的大部分地区都在国民党的控制之下，中国共产党所掌握的军事武装力量在国民革命军第四集团军当中，那里有贺龙、叶挺等人。他们驻守在江西北部，在汪精卫分共政策实施之后，军队就对这个地区进行了包围。共产党人到了危急存亡的关头，如果不能果断地处理相关事宜，武装力量必然会断送。

　　1927 年，中共中央决定在南昌进行起义。为了取得胜利，朱德争取到了一些驻守南昌的军官的支持，同时还了解了一下南昌市的军事部署。然后根据南昌市的特点制订了作战计划。南昌市的团长们接到了朱德的邀请，都赶到了佳宴楼，这一邀请的主要目的就是将这些军官都拖住。朱德非常热情地和军官们喝酒、聊天。后来，他们竟然打起牌来了。朱德故意输了牌。这时有一个人冲了进来，说："我接到命令，有人让我解除自己的武装。"听到这句话之后，军官们都非常惊讶。朱德意识到有人将南昌起义的计划透漏了出去，于是，借着牌输了为借口，去告知贺龙。后来通过调查，他们得知一个副营长叛变了，面对紧张的形势，朱德下达了提前两个小时起义的命令，只听嘹亮的冲锋号响起，起义军队像潮水一样进来。

经过四个小时左右的战斗，起义军占领了整个南昌城。以共产党为主体，国民党左派参加的国民党革命委员会成立，并且通过了《八一起义宣言》，后来，起义军南下，奔向广东地区。南昌起义打响了武装反抗国民党的第一枪，成为中国共产党独立领导人民革命战争和创建人民军队的开端。

挺进井冈山

共产党领导革命的首要任务就是开辟革命根据地（军事指挥的中心地），因为开辟革命根据地就能够建立稳定的政权。毛泽东领导的湘赣边界的秋收起义，由于敌人的势力非常强大，军队损失严重，士气低落。毛泽东分析了客观形势，于是决定放弃攻打长沙的计划，将军队召集到文家市。这是工农革命军的作战方向，即将力量转移到敌军力量薄弱的农村地区。在军队转移的过程中，有很多人因为看不到未来而选择放弃，还有很多人因为粮食不足而被饿死，甚至还有一些人直接背叛了革命。部队处在生死存亡的紧急关头。1927 年 9 月 29 日，毛泽东率领秋收起义的部队到达永新县的三湾村。毛泽东等人决定对部队进行改组，要把"支部建在连上"，确立了党对军队的领导，是建设无产阶级领导的新型人民军队的重要开端，这就是"三湾改编"。

军队到达三湾的时候，毛泽东就和宁冈县的袁文才联系。毛泽东会见陈慕平等人的时候，真诚地说明了来意，希望相互之间能够合作，还送给所有人马枪。后来，他们对革命形势进行了深入分析，认为为了巩固政权，需要坚持革命斗争。另外，毛泽东还承诺要送给袁文才步枪一百支，让他好好地安置病员。

毛泽东一直都在寻找立足的地方，但是是去井冈山，还是去湘南让毛泽东犹豫不决。井冈山具有自给自足的自然条件，群众基础也十分深厚，在这里可以积聚更多的革命力量。如果去湘南可以与朱德等人会合。最后，经过权衡利弊，毛泽东决定去井冈山。

毛泽东将军队带领到井冈山的脚下。在井冈山，袁文才和王佐的武装力量成为工农革命军的重要组成部分。中共创建了第一个革命根据地。

五次反"围剿"

1930年，蒋介石在蒋冯阎大战中取得胜利后，决定对红军进行围剿。10月，国民党对中共苏区发起了第一次"围剿"，然后采用特别的战略战术进行紧逼。中共苏区在敌强我弱的情况下，制订了诱敌深入、伺机歼灭的战术，主动撤退之后寻找战机。国民党的军队人数众多，因此并没有将共产党的军队放在眼里，看到共产党步步撤退，更是肆无忌惮地长驱直入。国民党军队进入到共产党根据地之后，由于不了解地形和地势，张辉瓒被俘。红军乘胜追击，一举歼灭了国民党军1.5万余人。国民党的第一次"围剿"失败。

蒋介石非常不甘心，于是在1931年又对红军发动了"围剿"。这次国民党的军队人数增加到了20万，采取"稳扎稳打，步步为营"战略对中共苏区发起了攻势。毛泽东和朱德率领部队以不变应万变，仍采用诱敌深入的战术，由西向东转战700里，连打5个胜仗，共歼国民党3万余人，缴枪2万余支。第二次反"围剿"再次取得胜利。

在第三次"围剿"中，蒋介石亲自做总司令，指挥将士剿灭红军。红军发扬了连续作战的精神，时而隐蔽时而寻找战机。1931年8月7日，红军主力插入到国民党军队的大后方，将上官云相的第四十七师1个多旅歼灭，然后又在良村歼其第五十四师2个旅大部，11日在宁都北陂黄陂歼其第八师的4个团。5天之内红军三战三捷，国民党的士气大减，到9月15日红军共歼国民党军3万余人，第三次反"围剿"胜利。

红军的第四次反"围剿"并不顺利，蒋介石的大军向中共苏区进军，红军陷入了被动的局面。红军虽然英勇作战，但却无法扭转局面，被迫朝着湘鄂川黔等地转移。后来，红军在朱德总司令的领导下，采取了声东击西的战术，集中兵力，这才击退了敌人的第四次"围剿"。

第五次反"围剿"以红军失败而告终，红军不仅损失惨重，而且完全陷入被动的局面。历时一年多的第五次反"围剿"，红军无法打破敌人的包抄，最终被迫走上长征的道路。

红军长征

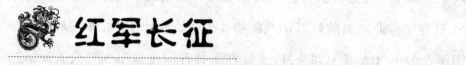

　　红军的第五次反"围剿"以失败告终，因此红军不得不在 1934 年 10 月进行战略转移。

　　很多将士在长征初期都不知道自己要去哪，因此，无法时刻把握机会，与敌人对抗。队伍行动迟缓，红军处处挨打。国民党军队在江西、湖南、广东等地进行封锁，采取围追堵截的战略。红军成功地冲破了三道防线，但是所付出的代价也是惨痛的。

　　1934 年 12 月，红军放弃了湘西地区，将目的地改为敌人防守力量薄弱的贵州，并且于 1935 年攻占遵义，召开了著名的遵义会议。会议纠正了第五次反"围剿"以来所犯的错误，还选举了毛泽东为中央政治局常委，决定由周恩来和朱德指挥军事。遵义会议结束之后，共产党一渡赤水河，进入川南古蔺，并且寻找机会北渡长江。

　　此时，蒋介石调兵遣将，对红军进行围追堵截。红军二渡赤水河，挥戈东向。蒋介石飞到重庆，亲自指挥作战。红军三渡赤水河，摆出了北渡长江的态势。于是蒋介石做好了川黔地区的防守，并且派兵向西追击红军。红军再一次会师，四渡赤水河，最终摆脱了敌人，达到北渡长江的目的。红军强渡大渡河，翻雪山，促进了中国革命在西北的胜利。红一方面军和红四方面军会师之后，做出了过草地，继续北上，建立川陕甘根据地，同时打开向甘南前进的大门的决定。

9月，张国焘拒绝执行中共中央的命令，甚至企图危害党中央。于是毛泽东等人率领红一和红三方面军继续北上，夺取腊子口地区，翻过岷山，进入甘南，于9月27日到达渭县榜罗镇。在这里召开中共中央政治局会议，正式决定以陕北作为领导中国革命的大本营。

1936年10月，红二方面军、红四方面军和红一方面军在甘肃会宁会师，标志着红军长征取得胜利。红军长征是人类历史上一次伟大的奇迹，红军共转战十四个省，经历万难，最终保留了革命实力和革命主力。

伟大的教育家陶行知

在共产党摸索出农村包围城市的道路时，中国大地上涌现出一批平民教育家，其中有一个著名的人物，名叫陶行知。清朝末年，一些有识之士认识到只有依靠变法才能够救中国。于是，当时社会刮起了"兴学"之风。1905 年是中国教育史上的重要年份，朝廷下了诏谕，废除科举制。

在废除科举制、创立新学的背景下，先进的教育理想逐步确立。新式学校引进了西方的先进文化，教育体制也随之产生了变革。但是，中国的乡村教育却令人堪忧。乡村的学生无法接受基本的教育，更无法考入城里的学堂，因此，乡村教育的状况需要有人去改善。陶行知是赴美留学回国的年轻人，他对教育有着自己独特的见解，面对乡村教育的局面，他发出了教育公平的呼吁。陶行知比较赞同明朝王阳明的"知行合一"学说，于是就将自己的名字从陶文濬改成了陶行知。随着社会的不断发展，陶行知逐渐认识到教育和社会发展之间存在着同步性，从社会的实际出发来研究教育是非常重要的。

陶行知当过大学的老师，编写过很多著名的书籍，对乡村教育的推广起到了推动作用。他主张将学校设在乡村，促进乡村教育的发展。陶行知在创办学校的过程中，主张教育应该遵循"生活教育"的原则。这样，培养出来的教师、科学家或者农夫都不至于空有理论而没有实践能力。每个人都是老师，可以从别人的身上学到很多东西。在陶行知的不断努力下，乡村学校得到了发展。他非常重视学生的动手能力，并且告诉家长要欣赏孩子的实践能力，不要出言责怪，扼杀孩子的创造力。

通过多年的办学和教学，陶行知总结出了几点原则，那就是：生活即教育、社会即学校、教学做合一。从中可以看出陶行知的教育思想，他的伟大的平民思想就在发挥教育本身的价值，让大家都能够体会到教育的真谛。

笔杆做枪的鲁迅

　　鲁迅在我国的文学史上可谓是地位显赫，他不仅是大名鼎鼎的文学家，还是著名的思想家。在人们的印象中，鲁迅是一个穿着长衫，一身朴素的人。他的性格不仅宽厚朴实，而且桀骜不驯。他的一头短发十分倔强、坚强地竖在头顶上。胡须是鲁迅的一大标志。

　　鲁迅原名周树人，浙江绍兴人。他出生在一个没落的大家庭。青年时期，他希望自己能够成为一名医生，于是就到日本留学，并且掌握了先进的医学技术。后来社会动荡，鲁迅发现，医术虽然能够救治人们的身体，但却无法救治人们的心灵。因此，鲁迅决定弃医从文。

　　鲁迅的这个决定源自一个电影，影片描述的是日俄战争中的场面。日军抓住一个中国人，要枪毙他，这时，刑场外面站着一个身体魁梧的大汉，但是，他在看热闹。这一情景触动了鲁迅。他思来想去，拿着书本走出了教室。日俄两个国家根本不将中国的领土主权放在眼里，他们在中国的领土上争夺自己的势力范围。但是，中国人民中出现了很多叛徒和奸细，这让鲁迅十分气愤。于是，鲁迅决定用纸笔做武器，唤起中国人的自尊心和民族自豪感。这也是鲁迅弃医从文的主要原因。

鲁迅回来之后，不仅写文章，还创办杂志。那时的国人多数都处于麻木的状态，鲁迅锲而不舍地用文章来抨击社会现实，给中国人以警醒。鲁迅的《狂人日记》是比较著名的作品，除此之外，还有《祝福》《阿Q正传》等等，他文章中的人物形象十分鲜明，包括祥林嫂、孔乙己、阿Q等人。除了小说之外，鲁迅的散文也是数一数二的。《朝花夕拾》《野草》都是脍炙人口的名篇。

鲁迅的一生都在用笔与恶势力进行对抗，人们都称他为"民族魂"。

九一八事变

二十世纪三十年代的中国面临着内忧外患的局面，国内的革命形势变幻莫测，国外的侵略势力也一刻都没有停歇。1931 年，日本驻东北的关东军对沈阳进行偷袭，并且妄图以武力来占领我国的东北地区。

日本"征服世界先征服中国"的战略开始实施。世界经济危机波及了日本，因此，日本加紧了侵略的步伐，想以此来解除国内的危机。于是，日本在中国制造了"万宝山事件"和"中村事件"。1931年 9 月 18 日，日本又发动了九一八事变。

9 月 18 日傍晚，日本关东军沿着南满铁路向南行进。柳条湖分遣队队长率领一支小分队以巡视铁路为由，来到了奉天，趁着夜深人静在柳条湖附近的南满铁路路轨上引爆了炸弹，将铁路炸毁，然后将几具中国人的尸体放在爆炸现场，制造出中国军队袭击日本守备队的现场。就在此时，川岛队长袭击了东北军驻地北大营并炮轰沈阳城，紧接着又调来了援兵。当时，北大营防守力量薄弱，中国军队被打得四处溃散。

国民党政府对日军采取了不抵抗的政策，事变发生之前，蒋介石就致电张学良，命令无论日军如何挑衅，我军都不要抵抗，主要是为了我军的力量考虑，休养生息是头等大事。当时，日本关东军有一万人，而中国军队有十六万人。东北的军队由于受到不抵抗政策的束缚，在日军突袭的情况下，多数士兵都采取不抵抗的措施，只有少数士兵进行抵抗。因此死伤十分严重。

9月19日，日军占领了沈阳，东北军撤到了锦州。我国东北的机枪、大炮、飞机、战舰等武器都落入日军的手中。根据不完全统计，仅仅在9月18日那一天，沈阳就损失了近十八亿元。在不抵抗政策的影响下，日军迅速占领了东三省。

九一八事变是日本帝国主义对华进行侵略战争的必然结果，也是日本实现狼子野心的主要步骤。从此，我国的民族矛盾成为主要矛盾，抗日救亡运动开始了。

一·二八事变

　　一·二八抗战是中国军队抗击侵华日军进犯上海的作战。当时，日军为了转移各方势力的注意力，并且尽力地扶植伪满州政权，一手设计了日莲宗和尚遇害的案件，这一案件引发了一·二八抗战。

　　1932 年 1 月 18 日，日本日莲宗和尚来到上海一个毛巾厂附近，他们不断敲鼓，而且不断向四周张望挑衅。工人们看到这种情况之后急忙去盘问情况，和尚们就仓皇逃跑了。工人们穷追不舍，终于截住了他们。突然一个一身工人装扮的男子冲入人群中将和尚杀死，但是其他工人都不认识这个人。事实上，这一事件完全是日军自导自演的，就是为了栽赃陷害工人。

　　20 日凌晨，六十多名日本兵在战队的掩护下进入到实业社总厂。他们大肆毁坏机械设备，向厂房投掷化学药剂，使得厂房大火连天。还有几个日本兵在厂房内杀了很多人。工人的反抗都被日军遏制在摇篮中，甚至还遭到了枪击。

　　日本驻沪总领事看到这种情况也积极地采取了行动，在日莲宗和尚"遇害"的第二天，他接连不断地提出抗议，并且要求缉拿凶手。

在持续不断的压力下，上海市政府的办案时间受到严格限制。如果在四十八小时内没有找到凶手，市政府就要无条件接受取缔上海的抗日团体等四项要求。然而此时，不抵抗政策的阴影笼罩着上海。

数十名日本兵身着便衣，偷袭了天通庵车站，打响了对中国军队的第一枪。但是，这一次，中国军队奋起抵抗，第十九路军和日军顽强拼杀。各路军队共同御敌，第十九路军在战场上不甘示弱，占据了一定的优势。第十九路军誓死抵抗，虽然敌我兵力相差悬殊，但是，战士毫不畏惧。最终，第十九路军损伤惨重，很多战士英勇牺牲了，还有一些战士被俘，但是他们不屈不挠，没有向敌军透露半点信息。

第十九路军的战士用自己的生命和鲜血唤醒了上海市民。

遵义会议

一·二八抗战结束后，日本军队的气焰更为嚣张，不仅在上海屯兵，还不断威胁东南沿海一带。更可恶的是，日本还要在我国的东北地区建立伪满政权。在这种情况下，蒋介石依然采取不抵抗的政策，还提出"攘外必先安内"的荒唐口号。共产党在国家内忧外患的情况下，依然受到国民党的多次"围剿"，中共力量损失惨重。

当时，在党的内部还存在着严重的分歧。王明和博古等人去请教对中国情况一无所知的共产国际顾问李德，在李德的指挥下，中央红军在第五次反"围剿"的战争中失败。因此，中央红军不得不做出战略转移的决定，长征从此开始。

红军从江西瑞金出发，进行了万里长征。在这一过程中，博古等人还在继续犯错误，他们的逃跑主义政策使得转移队伍涣散。国民党趁机大肆围剿，几度堵截红军。虽然红军打破了封锁，但是损失惨重。

1935年，中共中央在长征途中抵达贵州遵义，并且在遵义召开了政治局扩大会议，会议的主要内容是：批评了第五次反"围剿"和长征以来中央在军事上的错误。

一次次的失败使得党内人士认识到应该更换党内领导人，于是大家发表了自己的主张和见解，纷纷支持选举毛泽东为领导者。中央红军渡过湘江之后，竟然遇到了蒋介石的军队，他们正准备伏击红军。毛泽东则下令大部队朝着敌人统治薄弱的地方挺进。在离遵义城不远的地方，红军将领决定到达遵义之后召开大会，对党内的错误进行清算，同时对以后的战略进行分析和研究。会上，党内人士将毛泽东选定为中央政治局常委。在万分紧急的情况下，这一会议拯救了中国共产党。同时，遵义会议也成为了扭转共产党与国民党关系的重要转折点。

一二·九运动

　　在国家万分危急的时刻，国民党政府却不得人心。国民党政府对红军进行"围剿"，扼杀共产党势力已经成为事实，而且对日本的侵略采取不抵抗的政策。在这种情况下，日军占领了我国东北的大部分土地，国民党政府置三千多万群众于不顾，使得他们身处水深火热中。日军后来又发动了华北事变，开始扶持傀儡政权。

　　土地丧失，百姓流离失所让国人十分担忧。国民党政府的不抵抗政策也遭到了人们的斥责。北平的学生感受到了切身之痛。民族危机重重，共产党号召人们团结起来，一致抗日，停止当前的内战。广大学生也联合起来，成立了学生联合会，并且发表了宣言，呼吁国民党政府对日本采取积极的抵抗政策。

　　国民党政府适应日本军队的要求，欲成立政务委员会，这一委员会是日本统治华北的傀儡组织。学生们将这种情况看在眼里，怒火中烧，举行了规模较大的救国请愿。学生来到街上游行，打出了停止内战的标语，并且要求国内力量团结起来，抵御外侵的敌人。被推举为临时代表的何应钦却对请愿的学生避而不见。于是群情激奋，学生和各界代表的人数不断增加。学生散发传单宣传救国却遭到冰冷的水柱喷射，警察拿来各种武器对付手无缚鸡之力的学生，并且将各大院校封锁。

学生的爱国运动对日本侵略者的气焰进行了打击，政务委员会的成立被迫延期。北平各大院校实行了罢课，发表《宣传大纲》，希望能够联合民众，形成爱国统一战线。北平的学生运动很快得到全国各地民众的积极响应，一些大中城市也举行了爱国游行运动。各个阶级的爱国人士也纷纷组织起来，成立了救国会，用这种方式来支援爱国学生的运动。12月16日，国民党决定成立政务委员会，这一天的游行示威声势更为浩大，并且召开了规模宏大的市民大会。

一二·九运动掀起了全国抗日救国活动的新高潮。

七君子事件

1936 年，全国各界的救国联合会纷纷成立，群众希望国内的各方力量可以团结起来，建立抗日救亡的统一战线，并且号召国民党停止内战，建立抗日政权。这些行为和宣传使得国民党当局十分生气。不久之后，上海警方秘密逮捕了七位爱国人士，包括沈钧儒、邹韬奋、李公朴等，他们都是当时公认的社会贤达，然后将他们押解到苏州，关押在苏州的看守所。这一事件在当时被称为"七君子事件"。

七君子事件激起了共产党人的强烈不满，他们和国内的很多爱国人士一起进行了抗议。爱国人士和海外的华人华侨都要求国民党政府释放七君子。但是，这一提议却遭到国民党政府的反对，拒绝释放七君子。更有甚者，国民党政府还向最高法院提交了起诉书，并在起诉书中歪曲事实，后来被查出有很多破绽。七君子不屈不挠，仍然不忘救国救亡，在法庭上进行辩论，还在监狱中写下激励众人的文章。他们不断写作，读诗歌，不忘初心。

在开庭的时候，群众都来一睹七君子的风采，但是，法院却贴出告示，宣布七君子的案件不公开审理。就连家属都不能进入法庭旁听。七君子抗议说，如果不公开审理，就拒绝答话。于是，法院又改为公开审理。在法庭上，法官对七君子各种刁难，但是七君子临危不惧、从容淡定、刚正不阿。审判长被七君子之一的沈钧儒反驳得哑口无言，不得已只能宣布退庭。法院审理七君子案件的同时，共产党联合各界人士开展了营救。而且宋庆龄还写信给国民党政府，如果不释放七君子，自己就和他们一同坐牢。这使得国民党政府进退两难。

不久之后，卢沟桥抗战爆发，日本大军压境。在此种情况下，国民党当局不得已释放了七君子。从此以后，七君子事件成为人们传颂的佳话。

两将军"兵谏"蒋介石

1936 年 12 月 12 日，蒋介石手下两个著名的大将——张学良和杨虎城将蒋介石扣押。这个消息一经传出，引起了民众的震惊。原来，张学良和杨虎城扣押蒋介石的主要目的就是为了让他下令停止内战，一致抗击日军。九一八事变之后，日本侵略者的侵略步伐更大了，独占中国的野心进一步显露出来。此时国民党依然不惜一切代价地对红军进行"围剿"，对日本军队却表现出退让的态度。直到1935 年，日本侵略者视华北地区为囊中之物，整个华北危在旦夕。武装起来的国民党大将张学良、杨虎城等人对华北即将沦陷感到忧心。但是，更让将士们痛心的却是蒋介石的不抵抗政策。

1936 年，蒋介石下令让张、杨到陕北前线去对红军进行"围剿"。张、杨反复觐见蒋介石，希望能够团结共产党一致抗日，但是却遭到蒋介石的拒绝和训斥。他们争论了两三个小时，蒋介石依然没有改变自己的看法，反而态度更加强硬，坚持剿共。

为了纪念一二·九运动一周年，街头上群众又进行了游行示威。军警竟然开枪打伤了一名小学生。这一行为导致群情激奋。蒋介石迫于压力答应一周之内给出结果。当天晚上张学良去劝谏蒋介石，但是蒋介石却强硬地说："这些学生的问题，就应该用机关枪来解决。"张学良听到之后，心中十分生气，他反驳道："机关枪不去打日本人，反而用来打学生，这样难道不有损道义吗？"两人因为这件事发生了争执。于是，张学良和杨虎城商议发动兵谏。张学良所控制的东北军主要负责活捉蒋介石，杨虎城的军队则负责包围西安城。而后，张、杨二人向全国发出了通电，说明了兵谏的主要原因，同时还提出了停止内战一致抗日的口号和要求。这件事很快就传遍了西安，史称"西安事变"。

张学良和杨虎城本身并没有谋害蒋介石的意思，在国难临头的危急时刻，二人只想为抗日救亡贡献一份力量。

第二次国共合作

西安事变和平解决之后，国共之间实现了第二次合作。1937年，中共致电国民党，提出了五项要求，主要内容就是要停止内战，一致对外，保障言论自由，释放"政治犯"以及共同救国等等。中共还表示，如果国民党答应这五项要求，就可以保证：停止武力推翻国民党政府的方针，将工农政府改名为中华民国特区政府，将红军改编为国民革命军；特区施行彻底的民主制度；停止没收地主土地的政策。

这四项保证是对国民党所做出的重大退让，但是双方分歧很大。国共双方进行了多次谈判，国民党坚决要求取消共产党的政治独立性。因此，最终也没有达成协议。直到1937年，卢沟桥抗战爆发，中共通电全国，希望能够在蒋介石的领导下，保卫祖国，并且红军愿意改名为国民革命军和日军决一死战。但是，蒋介石对此却反应冷淡。

无奈之下，周恩来等人再一次上庐山，与蒋介石谈判。但是，蒋介石的态度仍然十分傲慢，而且还漫天要价。于是，中共中央发出指示，命令周恩来返回中央，无须再进行谈判。此时，日军正在疯狂地侵犯我国，已经到了山东和山西等地。由于战况紧急，蒋介石只好要求中共代表来参加会议，进行谈判。

后来，日军进攻上海，直接威胁到南京，于是蒋介石希望红军能够出兵华北，牵制日军，并且答应了红军的改编政策。红军改编为国民革命军第八路军，设置了指挥部，朱德和彭德怀等分别被任命为正总指挥和副总指挥，叶剑英被任命为参谋长，邓小平为政治部副主任。

南京谈判中，涉及国共合作的内容。南方的游击队和八路军组成抗日联军，开到抗日前线。最终，两党取得了意见的统一。国民党中央通讯社还发布了《中国共产党为公布国共合作宣言》，于是，第二次国共合作建立，抗日民族统一战线形成。

卢沟桥抗战

　　西安事变之后，国民党将武力转向了日本侵略者，但是这并没有起到遏制日本侵略者狼子野心的作用。日军加强了实战演习，为发动大规模的侵华战争做着准备。

　　1937 年 7 月 7 日，一个中队的日军到达卢沟桥附近，进行实战演习。当时的华北地区已经完全被日军占领，但是北平并没有被占领，卢沟桥紧挨着铁路，所以成为通往北平的唯一门户。日军在卢沟桥附近举行了演习，肆意挑起事端。国民革命军对日本的挑衅行为进行了有力的抵制。其实这次日军演习只是一个借口，其主要的目的是突袭中国军队。龙王庙和大瓦窑位于宛平城的西北和东北方向，两地之间相隔很远。日军进攻宛平城的这两个地方也是为了进行挑衅。

　　晚上 10 点左右，从日军演习的地方传来了一阵枪声，守城官兵都提高了警惕，加强戒备。同时，中国的守城官兵拒绝日军的一切无礼要求。后来，日军借口一个士兵失踪不断扩大战事范围，终于挑起了蓄谋已久的战争。面对日军的进攻，国民革命军并没有畏惧，奋起反抗。但是国民革命军的武器装备非常落后，在和日军交战中没有取得优势，在整个战场上节节失利，最终不得不撤退。

卢沟桥抗战不仅激起了全国人们的仇恨，同时也震醒了中华民族。同胞们的爱国热情高涨。卢沟桥抗战的第二天，中国共产党就发表通电，指出民族危机的严重性，并且号召全国上下进行全民抗战，一致抗日。从此以后，全国的爱国人士和海外同胞都全身心地投入到抗日的浪潮当中。7月14日，中共中央已经做好了奔赴前线的战略准备。

卢沟桥抗战是日军发动全面侵华战争的标志，从此，全面抗日战争拉开了帷幕。在抗战中，中国的爱国将士死伤无数，为了中国的安定和团结，他们不惜牺牲自己的生命。

淞沪抗战

1937 年 8 月 13 日，中国军队积极地对侵华日军进行抵抗。中国军队抗击侵华日军进攻上海的作战被称为淞沪抗战，也叫八一三事变。1932 年 5 月 5 日中日签订的《淞沪停战协定》对中国军队严格限制，军队不能在上海市区内部驻扎。上海只有警察和保安可以镇守，因此，兵力十分薄弱。日本在虹口等地派了重兵防守，大批军舰在长江一带巡弋。

卢沟桥抗战之后，日军很快就侵占了天津地区，然后又想进入到上海，进而攻打南京。日本的海军陆战队进入虹桥机场挑起事端，但是却被中国的保安枪击。这一事件成为日本进攻上海的最佳借口。日本要求中国的保安撤离上海，不能进行防守。

日本海军陆战队也肆意向中国军队开枪挑衅，不料被中国的守军击败。第二天，中国政府发表了《自卫抗战声明》。日本政府也发了声明，说战争是不得已的行为，与此同时，日本派遣了松井石根为司令官指挥战斗。就在这时，蒋介石也进行了全国总动员，将全国的临战地区划分为五个战区，将沪杭地区归到第三战区当中，这样就可以阻止敌军后续部队整加。

中国军队向虹口等地区的日军发起了猛烈进攻，击退了敌人的大部分力量。同时我军和日军在法学院和虹口公园等地展开了殊死搏斗。中国军队发起了多次总攻，攻势猛烈。多个师都加入到这次战斗中。我军第三十六师二一五团在激战中遭到了敌军的坦克阻截，在猛烈的火力袭击下，整个团的战士都牺牲了。不仅如此，中国的空军和日本的空军之间也进行了激烈的战斗，海军军舰的作战中，中国军队占据着一定的优势。

当时，我军的战斗实力和日军相差甚远，而且日军占据了最为有利的攻击位置，使得日军占了上风。经过长时间的战斗，我军节节败退。日军在 11 月攻占了上海。

平型关战役

卢沟桥抗战之后，日本军队占据了整个华北地区，他们将侵略的范围扩大，逐步向南推移。1937 年 9 月，日军的攻击使得国民党节节退让，此时中共的西北主力军进行了改编，成为国民革命军第八路军。随着侵略势力的不断增强，八路军在中共的指挥下，进入到山西进行抗日，计划包围华北。

自开战以来，日军的气焰十分嚣张，狂妄自大的日军认为他们攻无不克战无不胜，八路军就利用他们轻敌的心理，寻找机会反击。情报显示，日军的第五师团要在 9 月向南进犯，途中经过平型关。八路军计划在平型关进行阻截，打日军一个措手不及。平型关古称"瓶形寨""瓶形镇"，战略优势十分明显，自古以来是兵家必争之地。八路军认为平型关是歼敌的最佳战场，想利用平型关的地形对日军进行伏击。

为了保证战斗的胜利，八路军利用黑暗作为掩护，连夜挺进平型关，在天亮之前就已经在平型关做好了伏击的准备。日军的第五师团果真从公路进入到这里。日军被这场突如其来的伏击吓坏了，枪炮声惊了日军的马匹，指挥人员也变得惊慌失措，不知如何是好。

　　八路军就像猛虎一样冲锋陷阵，打得日军节节败退，日军损失惨重。日军本来想一边对抗一边撤离，没想到计谋被识破了。八路军对日军进行了多面夹击，激战一直持续到下午，日军被打得七零八落，除了一小部分突围成功之外，日军大部分都被八路军消灭。八路军歼灭了日军的师团，同时还缴获了日本的汽车，马车和机枪等武器装备。平型关战役大大提升了我国军民抗日的激情和士气。

南京大屠杀

日军在淞沪抗战后，一路向南。1937 年 12 月，南京被攻陷，日军对南京的守城士兵和市民进行杀害。这是有史以来最大规模的屠杀，死亡人数高达 30 余万。这次屠杀就是历史上有名的南京大屠杀。

日军的第六师团进入到南京城，经过激战，中国士兵纷纷放弃抵抗，百姓四处逃窜。日军进入到南京城后，将这些人作为枪杀对象，一时间，街道上血流成河，到处都是百姓的尸体。第二天，日军的坦克、大炮等进入到南京城，他们不仅抢劫百姓的财物，还向江边的难民进行长时间的机枪扫射。晚上，日军强制解除了九千多士兵的武装，将其押到海军鱼雷营进行屠杀。日军击毙这些百姓和士兵后，将这些人的尸体扔到江中，只有极少数人得以存活。更为残忍的是，日军将南京的百姓枪杀之后绑起来，然后在他们的身上浇上煤油点燃。

日军的这次屠杀可谓是惨绝人寰，屠杀的手段令人发（fà）指（头发竖起来，形容非常愤怒）。一时间，南京下关的码头和秦淮河一带血流成河，横尸遍野。日军以屠杀中国人为乐趣，还进行惨绝人寰的杀人比赛。在屠杀过程中，日军兽性大发，甚至不放过妇女和儿童。根据不完全统计，遭到日军强暴的妇女超过八万人。

除了屠杀和奸淫之外，日本军队还在南京放火烧了很多房舍，整个南京城成为一片废墟。各大公司和商店的东西也被日军抢劫一空，昔日的繁华街道变得破败不堪。

当时有很多来自美国、德国还有丹麦等不同国家的人员，他们目睹了日军南京大屠杀的兽行。他们想要阻止，但由于势单力薄，没有起到任何效果。事后，他们为伤员设立了安全区，还提供粮食和居住的场所给幸存者。这一次日本法西斯的野蛮行径，在人类历史上留下了不可磨灭的痕迹。

台儿庄大捷
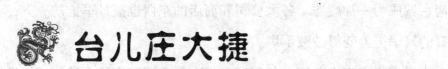

　　南京大屠杀之后，为了进一步侵占中国，日军想要打通华北和华东两地之间的运输线，即津浦铁路。1938年，日军的第十师团沿着津浦线南下，和第五师团会合，然后占领徐州，我军和日军在徐州进行了激烈的战争。3月14日，日军的第十师团向滕县发起进攻，滕县距离台儿庄只有几里路。日军的实力相当雄厚，各种武装力量都在我军之上，我军师长王铭章在战争中壮烈牺牲了。攻占滕县之后，日军的气焰更加嚣张。

　　李宗仁是驻守徐州的司令，他决定死守台儿庄，拖延日军。在日军攻打滕县的时候，他就已经制订了作战计划。23日，日军进攻台儿庄，日军装备精良，向台儿庄发起了猛烈进攻。守城的将士用子弹回击日军，但城墙还是很快被炸出了缺口，日军趁着这个时候直接冲入台儿庄。这时，我军与日军进行了肉搏，他们拼刺刀，拼力气，终于将日军赶出了城。

　　经过几个日夜的战斗，日军突击到了城区，接下来敌我双方又开始了一场拼杀战。街头巷尾，杀声不断，房屋被占领，日军和我军之

间的战争不断升级，双方均伤亡惨重，台儿庄瞬间变成了废墟。4月
3日，台儿庄大部分地区都被日军占领，而日军的重兵重炮还在继续
攻击。我军的决心已下，坚持死守台儿庄。后来，我军组织了敢死队
向敌人发起猛攻，战士们奋勇杀敌，从天黑一直恶战到凌晨，我军将
台儿庄夺回了一大半。后来，李宗仁赶到台儿庄进行指挥，敌人的进
攻态势逐渐转为防守，最终我军共歼灭敌人1万余人。

百团大战

1940 年，日军制订了新的侵华计划，意图占领昆明、重庆和西安等地。于是，日军对国民党采取了政策上的诱敌深入和军事上的进攻，对八路军则展开猛烈的扫荡。在这种情况下，国民党内部的投降派势力大增，华北的抗日斗争面临着较大的困难。于是，八路军希望在华北地区组织一场破袭战，这样不仅可以截断敌人的战略交通线，还可以直接对敌人进行经济封锁，同时使得敌军和援军的联络中断，然后再采用奇袭的战略，必然能够一举歼灭敌人，进而促进华北战局的发展，直接打乱敌人进攻昆明等地的战略部署，实现战争的逆转。

八路军击破了正太铁路日军的防御，对同蒲、德石等地的铁路驻守日军进行打击，两地的战斗互相配合进行。在击破交通线的同时，还直接收复了日军的一些战略据点。在这些交通线路上，日军有很多驻军，作战飞机就有 150 架，另外还有 15 万左右的伪军。按照八路军的预计，所需要的兵力不能低于 22 个团。在与日军开战后，由于民众对日军非常憎恶，他们战斗的积极性特别高，甚至连游击队和民兵都参加了这次战役。

经过统计，在实际的作战中，参加作战的人数已达到 105 个团，比原来想要的 22 个团多出了好几倍，因此，这次战役被称为"百团大战"。

在短短三个半月内，敌我双方共进行了一千八百多次战役，共消灭日伪军四万多人，还缴获了大量的武器和物资。从歼敌的数量上看，八路军发起的百团大战可以和蒋介石之前的对日冬季作战相比拟。这次战役大大提高了八路军的战略地位，是抗战以来的首次令人振奋的战役，鼓舞了中国军民抗战的斗志，增强了必胜的决心。

皖南事变

抗战爆发之后，中国军队拼死抵抗，不得不从战略的进攻转变为防御。英美等国家对国民党内部力量持诱降的态度，因此，国民党中的反共情绪不断高涨，进而采取了一些军事活动。

1940年，反共行动转向华中，国民党将矛头指向了新四军，国民党军将新四军和八路军之间阻隔，让两支队伍断绝联系，还制订出一系列遏制新四军的计划。然而，国民党的这些挑衅行为并没有得逞，新四军进行了有力还击。蒋介石提出了"中央提示案"，对八路军和新四军的编制进行了削减，同时让两路军队都开到黄河以北，希望能够在日伪军和国民党军队的双面夹击下将其消灭。10月，何应钦与白崇禧得到蒋介石的指令，以参谋长的名义向彭德怀和叶挺致电，提出了很多无理的要求，紧接着就掀起了第二次的反共高潮。

这一致电的主要目的是为了打击新四军，共产党中央经过研究后发现形势十分危急，于是认为必须做好全党的动员工作。共产党制订了反对投降分裂，积极地挽救时局危机的方针战略，认为应该坚决打击亲日派和挑拨离间之人，这样才能有可能取得抗日的胜利。

　　11月，朱德、彭德怀等人致电蒋介石，拒绝了这些无理的要求，同时表示，在日军不断入侵的状态下，国民党应该和共产党团结一致，共同抗日，还主动要求将新四军移到长江以北地区。1941年，新四军和属部共九千余人共同北上，按照计划经苏南北渡，不料却遭到敌兵的袭击，在皖南泾县茂林地区被包围。叶挺、项英等人占据着战略制高点，最终决定突围。到了晚上，叶挺决定带兵突围，最终只有两千余人突围成功。这就是皖南事变，在这次事变当中，项英等人英勇就义。

延安整风运动

百团大战之后，日本侵略军对游击区加紧了扫荡，同时还对根据地进行全面攻击。国民党一直坚持反共，与共产党之间产生了很多摩擦，国民党军对红军根据地进行了封锁。在万般严峻的形势下，共产党根据地面临着十分严峻的局面。为了能够渡过物质上的难关，中共中央决定开展大生产运动，毛泽东指导大家自己动手种植粮食。于是，一场大生产运动拉开了帷幕。陕甘宁地区不仅粮食大丰收，还在商业和工业方面都有所发展，解放区人们的生活越来越富裕。在进行大生产的过程中，解放区的人们也没有停止进行思想方面的学习，最为著名的就是开展了延安整风运动，希望能够用先进的思想来武装革命队伍，并且达到思想上的空前一致，有效地解决党内在思想上的矛盾。整风运动可以看作是马克思主义的教育活动。

毛泽东对整风运动提出了三个内容，也就是三个反对。第一是反对主观主义，第二是反对宗派主义，第三是反对党八股。这样一来，学风、党风以及文风得到了改进和完善。主观主义萌生了机会主义，而且主观主义是导致共产党腐败的主要原因，只有将马列主义和中国的具体革命实际相结合，才能够从根本上消除主观主义的思想。宗派主义是主观主义的另外一种表现形式，不仅严重影响到党内的团结，还会危害到党组织的稳定性。另外就是反对党八股，认为文风应该不拘泥于党八股的框架。

1942年5月，中共中央召开了延安文艺座谈会，此座谈会就是在延安整风运动进行过程中开展的。毛泽东在会上明确了立场，坚定了态度，从文艺界开始进行整风学习。整风运动促进了马克思主义在中国的传播以及应用，同时也加强了马列主义和中国实际的结合，使全党达到了空前的团结。

郑振铎保护国宝

上海接连不断地遭到日军的进攻，已经成为一座沦陷的孤岛。上海租界的局势十分紧张，很多平民都纷纷逃离上海，来到了安全的地方。让人痛心的是，上海的很多珠宝和古籍珍品都流到海外，中国的财富损失惨重。

就在人人都忙着逃命的时候，上海租界却出现了一个穿梭在古籍珍品商店的人，他就是郑振铎。他的手中拿着泛黄的典籍，眼睛里露出惋惜的神态。郑振铎一直在战乱中抢救非常珍贵的典籍，将这些典籍看得比自己的生命还重要。

郑振铎是我国著名的历史活动家和爱国战士，在文学创作上也展现出了一定的天赋。他在文学史、艺术史等方面都有研究，是一个不折不扣的收藏家。郑振铎去世后，他的夫人遵照他的遗愿，将他在战争年代用生命保护的古籍珍品捐献给了国家。今天的国家图书馆，摆放着郑振铎用生命保护下来的藏书和古籍，共有17224部，可谓是无价之宝。

郑振铎为了保护这些古籍珍品可谓是将自己的生死置之度外，他抢救元刻《古今杂剧》的故事已经成为广为流传的佳话。当时，郑振铎接到书店经理陈乃乾的电话，要求他去接手元刻《古今杂剧》，这部书的规模宏大，有抄本和刻本等形式。他朝思暮想，希望自己也能够收藏这套古籍。接到这个电话之后，郑振铎欣喜若狂。然而，当他来到书店，却被告知这套古籍已经被人花高价购买了。听到这个消息之后，郑振铎夜不能寐，辗转反侧。

后来，他找到了陈乃乾，让陈乃乾转告买书的人，不能将这套古籍卖给外国人。陈乃乾被郑振铎的精神感动，千方百计地保护了这套古籍不流到海外。

冼星海与《黄河大合唱》

　　《黄河大合唱》是一部伟大的音乐作品，它诞生于中华民族反侵略斗争时期。《黄河大合唱》气势磅礴，属于交响乐曲，整部作品包含九个乐章，有《黄河船夫曲》《黄河颂》等。其中，最为脍炙人口的要数"风在吼，马在叫，黄河在咆哮，黄河在咆哮"这一句了。

　　这部作品的精神内涵是民族精神的体现，激励着中华民族要具备积极抵抗侵略的决心和信念。当时，日军的侵略气焰逐渐高涨，在中国大地上肆意屠杀中国百姓，使得很多百姓流离失所，妻离子散，横尸遍野的现象十分常见。武汉沦陷后，诗人光未然带领群众渡过黄河，转入吕梁山抗日根据地。在渡过黄河的时候，光未然看到了船夫和狂风之间的斗争，船夫的号子气势高昂，让他深受感动，一时间觉得身上热血沸腾。他在第二年的一月到达延安，创作了《黄河大合唱》的歌词，并在除夕夜进行朗诵。这部作品共有九段，无论是从形式还是从体裁上看都很新颖，而且还有说白部分。1941 年，冼星海在苏联整理加工，完成了《黄河大合唱》的创作。

　　冼星海是船民的儿子，在他出生之前，父亲就因为海难去世了。

他一直以捕鱼为生，但是对音乐有着很高的天赋和兴趣。在创作《黄河大合唱》之前，冼星海已经创作了很多著名的作品。后来，《黄河大合唱》在延安陕北公学大礼堂上首演，一时间传遍了大江南北。

日本投降

中华民族经过长达十四年的抗日战争，终于迎来了胜利。1945年8月15日正午，日本天皇向全日本广播，接受波茨坦公告，实行无条件投降。

1945年5月，苏联军队攻占了柏林，德国军队正式投降，第二次世界大战欧洲战场的战争宣告结束。在世界大战进入到最后阶段的时候，亚洲战场的各路军队对日军进行了反攻。7月26日，中、美、英三国发表了《波茨坦公告》，敦促日本无条件投降，日本却冥顽不化。美军在太平洋战场上对日作战，向日本的广岛和长崎投掷了原子弹。8月，苏联也对日作战。在这种情况下，日本天皇宣布投降。1945年，日本东京湾中的美军战舰上，举行了日本投降签字仪式。

投降仪式在9月2日进行，美国的太平洋舰队的最高统帅登上了军舰，日方代表重光葵外相和梅津美治郎等人也登上了军舰，签字仪式最终完成，至此，第二次世界大战结束，胜利属于同盟国。

盟军统领麦克阿瑟接受日本的投降，接受投降的同盟国代表依次签字。签字结束之后，美国的飞机从上空呼啸而过，庆祝这个伟大的时刻。日本签订投降书具有伟大的历史意义，其象征着持续多年的世界反法西斯战争的结束，也象征着中国抗日战争的结束。

从九一八事变开始，日军的铁蹄就踏入中国，长达十四年之久。卢沟桥抗战之后，我国进入全面抗战阶段，长时间以来，由于敌强我弱，日本侵略者大肆耀武扬威，无恶不作，我国百姓受尽了凌辱。

从多方面的考证中可以得出结论，保守估计，我国在抗日战争时期所损失的经济财产超过一千亿美元，死伤人数达到三千五百万。中国抗日战争的胜利是用中国人民付出的巨大代价换来的。

国共签订《双十协定》

日本无条件投降标志着中国在抗日战争中取得了全面胜利。中国人民饱受战争疾苦，希望得到和平，但当时的中国政局还是十分混乱，国民党为保证大资产阶级的统治，希望和共产党进行谈判，利用谈判的机会做好战略部署，进而争取舆论倾向。

1945 年，蒋介石给延安发了三次电文，邀请毛泽东到重庆进行谈判，谈判的主要内容就是商讨国家大计。8 月 26 日，中共中央召开了紧急会议，毛泽东决定亲自去重庆和国民党进行谈判，他带领周恩来、王若飞等前去谈判。毛泽东对去往重庆之前的准备工作进行了高度保密，蒋介石派遣的周励武和罗伯伦等人根本没有打探出毛泽东是否要前往重庆，后来又听到了毛泽东根本就不会去的消息。于是，二人发出了密报，称毛泽东不会去重庆。蒋介石也认为毛泽东不敢来重庆，没有做任何谈判的准备，反而调动兵马继续抢夺东北和华北地区的控制权。当毛泽东等人出现在重庆的时候，蒋介石惊慌失措。在没有任何准备的情况下，蒋介石让共产党先提议案。

毛泽东、周恩来和王若飞等人在美国大使的陪同下一起飞往重庆，毛泽东认为当时最为重要的任务就是保证国内的和平，再巩固发展和提升中国的实力。毛泽东不顾个人安危，毅然决然地来到重庆谈判，这一举动得到了人们的赞赏。蒋介石在万般无奈之下也做出了民主的承诺。为了让蒋介石兑现诺言，双方经过商谈之后，于1945年10月10日签订了《政府与中共代表会谈纪要》，这就是历史上著名的《双十协定》。

尽管签订了《双十协定》，国民党还是想通过战争的方式来消除中共的武装力量，因此，全面内战一触即发。

挺进大别山

国民党采取的假和谈真内战的策略很快就露出了真面目，蒋介石撕毁了《双十协定》，挑起了内战。尽管人民解放军打破了国民党军队全面和重点进攻的野心，但是国民党军队在数量上还是占据着绝对的优势，解放军所面临的形势仍然十分严峻。为了对国民党军队进行重点进攻，实现反攻，中共决定将战场引到国民党控制的区域，这样就可以进行深入攻击。大别山区是主要的攻击方向，于是，中共决定由刘伯承和邓小平领导解放军挺进大别山。

大别山位于南京和长江中游一带，地处鄂豫皖的交界地带，是国民党统治最为薄弱的地区。解放军占据大别山，在这里生根，就可以牵制住周围的军队。

当时解放军在那里没有战略根据地和充足的粮食，刘邓大军的这一军事行动确实有一定的危险性。但是，刘邓大军从全局出发，毅然决定要勇往直前，决不退缩。邓小平鼓励将士们说："这是一个真正的战场，我们没有理由退缩，如果能把陕北和山东的敌人拖住，对战局是有利的。"刘邓大军以出乎意料的攻势，打破了国民党的黄河防线，向着鲁西南地区深入挺进。后来，刘邓大军经过数日的激战，共歼灭敌军六万，解放军的行动从防守转变为进攻。

8月7日，刘邓大军开始兵分三路向大别山挺进。一路上国民党军队穷追猛打，当时正值盛夏，酷暑和洪水让进攻变得更为艰难。刘邓大军不畏艰难，坚持马不停蹄地朝着大别山挺进。大部队来到了"死亡区"，也就是黄泛区，其宽度达到三十多公里，地上都是污泥和积水，深处已及腰，稍有不慎就会丧命。大部队战士为防止众人陷入淤泥无法脱身，便手挽手前进，克服了重重困难。面对国民党的进攻，战士们浴血奋战。终于，三路大军全部挺进了大别山，形成了强有力的攻势，对战争形势起到了战略性的作用。

三大战役

刘邓大军挺进大别山之后，战略形势发生了明显的改变，我军占有绝对的优势。国民党军队虽然仍然保留了三百六十五万人，但是这些士兵士气低落，战斗力大跌。在政治上，国民党处于被孤立的状态，并且内部矛盾重重。

人民解放军的数量这时发展到了二百八十万人，虽然人数不及国民党军队，但是解放军的战斗力大增，经济形势日益好转。解放区内的农民生产积极性大增，而且后方力量得到了进一步稳固。秋季，济南战役开始，解放战争进入到决战阶段。解放军先后组织了辽沈战役、淮海战役和平津战役三大战役。东北的战略位置十分重要，只有占领东北地区，才能够提升工业基础。于是，解放军决定首先在东北地区和国民党军队进行对抗。

1948 年，东北野战军发动了辽沈战役，攻占了锦州，将敌人困在东北地区，俘虏了国民党副总司令范汉杰。后来，东北野战军主力占据了辽西地区，将国民党的援军堵截在路上，随后，东北野战军攻占了沈阳和营口，辽沈战役全面胜利，东北解放。

1948年11月，淮海战役拉开了帷幕。华东野战军和中原野战军发动了这次战役，战役分为三个阶段，第一阶段是歼灭徐州以东地区的国民党军，并且击毙了军团司令黄百韬，包围徐州。第二阶段是野战军围歼双堆集地区的敌军共十二万。第三阶段是歼灭敌军兵团二十万人，俘虏主将。淮海战役宣告结束。

东北和华北野战军于1948年11月发动了平津战役，基本解放了华北全境，阻止了国民党军队向西撤退和向南逃跑，歼灭和改编了国民党军队五十二万余人，傅作义的部队也接受了和平改编。1949年1月，北平和平解放，平津战役结束。

三大战役的胜利标志着中国革命即将走向全面胜利。

百万雄师过大江

1949 年 1 月，淮海战役和平津战役结束后，为清除江南的国民党军队，中国人民解放军整装待发，直逼江南，渡江战役拉开序幕。

人民解放军组成以邓小平为书记，包括刘伯承、陈毅、粟裕、谭震林在内的渡江战役总前委指挥渡江战役。八个兵团、二十六个军组成百万雄师，即将渡过长江。

三月底，总前委制订了《京沪杭战役实施纲要》，将军队分为西集团、中集团和东集团，分别在湖口与枞阳镇之间、长江裕溪口至枞阳镇、张黄港至龙稍港之间展开战役。为协调行动，中集团和东集团并为一个集团。

渡江战役即将开始，国民党为争取防御时间，向解放军提出和平谈判。一月下旬蒋介石卸任总统后，代总统李宗仁一心想求得半壁江山。但共产党渡江态度坚决，无论是和平还是战争都要横渡长江。

4 月 1 日起，共产党代表与国民党代表在北平举行和平谈判。共产党为了显示和平诚意，将渡江时间从 10 日改为 13 日、15 日，最后在 20 日进行总攻。15 日，国共双方拟定《国内和平协定》并计划在 20 日签字。但 20 日国民党代表致电张治中等人，拒绝签字，渡江战役一触即发。4 月 20 日下午，共产党炮兵部向敌人重要军事基地进行火力摧毁，计划悄然出击。当晚，天从人愿，刮起利于南渡的东北风，毛泽东、朱德发布了《向全国进军的命令》。

十分钟后，国民党军队发现解放军渡江行动，予以回击。共产党军队对敌人主要火力进行压制，并亮起白矾强行攻击。为相应号召，共产党军队开展争当第一船活动，不怕牺牲，战船即将靠岸，敌人用火线喷射，一时浓烟四起。十一点五十分，渡江第一分队登陆成功。三路大军将国民党防线打出缺口，横渡长江。23 日，解放军成功占领南京总统府，渡江战役深度展开。

确立国旗、国歌和国徽

渡江战役胜利以后，新中国即将成立。成立新中国不仅要确定治国战略，同时还要确立国旗、国歌和国徽。

1949 年 6 月 16 日，专门负责拟定国旗、国徽与国歌方案的新政治协商会议筹备会第六小组成立。7 月 15 日—26 日，新政治协商会议筹备会在报纸上刊登《征求国旗国徽图案及国歌辞谱启事》。启事刊登出来后，在海内外取得了巨大的反响。

随后，第六小组在来稿中进行初选。在编辑《国旗图案参考资料》时，田汉将之前没收入的五星红旗编入资料。国歌谱两次征集后都不尽人意，这时，徐悲鸿提出将《义勇军进行曲》作为代国歌。

《义勇军进行曲》诞生于 1935 年，受九一八事变、义勇军运动的影响，作为《风云儿女》主题曲红遍大江南北，大家推荐郭沫若修改歌词。

9 月 21 日，中国人民政治协商会议第一届全体会议召开。9 月 22 日，马叙伦召集 55 人，组成国旗、国徽、国都、纪年方案审查委员会。23 日，大会上会议代表对应征稿很不满意，大家的意见也不统一，第六小组选中的作品被张治中将军当场否定。

9月25日晚，毛泽东在座谈会上指出，国旗并不一定要体现国家特色，并指出编号为复字第32号作品即五星红旗象征革命与团结，其分析合情合理，演说声情并茂，赢得与会者热烈掌声，同时五星红旗作为国旗也得到了大家的一致认可。

五星红旗在险些落选之时脱颖而出，它由曾联松设计。他受到璀璨星空的启发，将图案设计为左上方缀黄色五角星五颗，一星较大，四星较小，环拱于大星之右，并各有一个角尖正对大星的中心点。旗上的五颗星象征着中国共产党领导下的革命人民大团结。

当晚，毛泽东表示赞成《义勇军进行曲》为代国歌的建议。此外，周恩来建议不改歌词，以此让中国人居安思危，得到了毛泽东的认同。会议结束时，全员齐唱《义勇军进行曲》。

9月27日，《义勇军进行曲》作为代国歌（1982年12月4日第五届全国人大第五次会议决议，以《义勇军进行曲》为《中华人民共和国国歌》）的决定被一致通过。10月1日下午，天安门广场上五星红旗随风飘扬，《义勇军进行曲》激昂奏响，不过，开国大典时没有国徽，成为了历史遗憾。后来，我国的国徽由清华大学设计，国徽上有齿轮和谷穗、国旗和天安门，毛泽东宣布我国的国徽诞生。

开国大典

　　我国的国旗被定为五星红旗，代国歌被定为《义勇军进行曲》。全中国人民盼望的开国大典进入倒计时阶段。1949年10月1日下午2点，中央人民政府委员会在北京南海勤政殿举行了会议，宣告中央人民政府成立。会议结束后，开国大典在天安门广场举行。

　　下午2点55分，国家领导人毛泽东走在前面，后面跟着众多国家领导人，慢慢走向城楼。下午3点整，毛泽东同志走上天安门城楼，就在此时，天安门广场上掌声激荡。朱德、刘少奇等国家领导人也纷纷走上天安门城楼，天安门城楼上下宛如一片沸腾的海洋。当时的北京，晴空万里，天安门广场上站满了各个阶层的人。随后，林伯渠宣布典礼开始。

　　毛泽东向全世界庄严宣告："中华人民共和国中央人民政府今天成立了！"随后，五星红旗冉冉升起，《义勇军进行曲》奏响，二十八响礼炮齐鸣。然后，毛泽东主席宣读了《中华人民共和国中央人民政府公告》，中华人民共和国中央人民政府是代表中华人民共和国全国人民的唯一合法政府，并且愿意和其他国家建立和谐的外交关系，愿意为世界的和平而努力。

接下来，阅兵式开始。朱德总司令检阅了陆军、海军和空军，最后宣读了中国人民解放军总部命令。在音乐中，受检部队迈着整齐的步伐在天安门广场上尽显飒爽英姿。中国迎来了新气象，那一天，中国人都沉浸在喜悦中。